Arbeitskreis Deutsche Mythologie:

Das Erbe der Ahnen

Arbeitskreis Deutsche Mythologie

DAS ERBE DER AHNEN

Germanische Feste und Bräuche
im Jahresring

Mit zwanzig Holzschnitten

K.-W. Schütz-Verlag Coburg, Postfach 1433, 96404 Coburg

Postfach 1433 · 96404 Coburg
ISBN 3-87725-132-3

Überarbeiteter Reprint der Originalausgabe von 1941
nach dem Exemplar des Verlagsarchives

Inhalt

Einleitung

Durch unsere Zeit geht ein ahnendes Erinnern an eine ferne und scheinbar längst vergangene Erlebniswelt; eine Welt, die einst unsern Vorfahren sichere Geborgenheit in allem Kämpfen und Ringen bedeutete und ihnen das sichere Gefühl gab, in einer größeren Ordnung eingefaßt und geborgen zu sein. Diese Welt war hoch überwölbt von der lichten Halle, die von der unwandelbaren Sonnenbahn selbst über der breiten Erde erbaut war und Jahr um Jahr erneuert wurde: Es war der Sonne hoher Saal, den die Edda den Saal Gimle nennt, der Hort jeglicher Ordnung, in dessen Baugefüge der Weltbaumeister selbst die Gesetze erkennen ließ, nach denen sich alles Leben, Werben und Vergehen vollzieht. Das Leben des Einzelnen aber war nicht, wie es uns heute scheinen mag, ein Weg, der irgendwo aus dem dunklen Nichts kommt, um sich wieder in das Nichts zu verlieren; vielmehr ein Faden, der nicht zu trennen war von dem großen Gewebe, an dem die kreisenden Gestirne unablässig weben. Und wenn er scheinbar aus dem lichten Hause des sommerlichen Seins entschwand, um unter dem Rande der sichtbaren Welt ins winterliche Dunkel einzutauchen, so war das nichts vor der Gewißheit, daß die Bahn des Lebens, der Bahn der Sonne gleich, mit der gleichen Notwendigkeit wieder über den Rand der dunklen Welt hinausführen werde.

In diesem ahnenden Erkennen ist den alten Geschlechtern die Heiligkeit des Lebens aufgegangen; und auf ihr ruht, wenn wir nur bis an die Wurzeln zu schauen vermögen, noch heute all unsere Sittlichkeit, sofern diese mehr ist als das Befolgen einer toten Satzung. Es ist jene Sittlichkeit, die uns kein eifernder Prediger jemals zu geben vermag, die uns aber heute noch ahnungsvoll erhebend durchdringt, wenn wir in der hochragenden Halle eines deutschen Domes stehen, die wohl im Grunde nichts anderes ist als ein Abbild jenes hohen, lichtdurchfluteten Sonnensaales, von dem die alten Dichter sagten. Dieses Erkennen ist aber auch der Quell jener heldischen Gesinnung, die frohgemut wie die Sonne ist, weil auch der Kampfplatz des harten Lebens unter ihren Gesetzen steht; denn sie ist selbst Urbild und Vorbild des Helden, der freudig seine Bahn zum Siege schreitet. Unseren Vorfahren aber hatte noch vor wenig hundert Jahren das Wort „fromm" die Bedeutung „tapfer"; und so war ihr Frommsein die Erfülltheit mit einer mutfrohen Seelenstimmung, die den heldischen Funken wie einen kostbaren Schatz in sich hegte.

Der alte Glaube schien längst zerbrochen, ausgetilgt und durch eine neue Lehre ersetzt. Alle Frommheit und Heiligkeit unseres germanischen Lebens schien zugleich mit den uns entwendeten Worten in eine fremde Verwaltung genommen zu sein, die uns das Brot aus dem eigenen Vaterhause, mit fremder Zutat vermischt und beinahe unkennbar und ungenießbar gemacht, als ein Geschenk aus fremdem Lande anzupreisen versuchte. Aber diese fremde Macht ist nicht bis in die tiefsten Bereiche unserer Seele eingedrungen. Die alte Weltordnung mit ihrer Lebensfrömmigkeit, aus dem bewußten Leben verdrängt, zog sich in das dichtende Unbewußte zurück, das in Mythos und Märchen tiefere seelische Landschaften erblühen ließ, als es je eine den Ohren gepredigte Lehre hatte tun können. Sie blieb auch lebendig in jenem Brauchtum des Volkes, das von alters her seinem Glauben und seiner Gemeinsamkeit wunderbar Gestalt gegeben hat. So lebt der alte Glaube als ein Funke unter der Asche noch heute; und wenn man es recht betrachtet, so hat das, was gegen ihn und über ihm aufgerichtet worden ist, selbst nur so lange seine Lebenskraft bewahrt, als es von dem verdrängten und unterdrückten deutschen Gute zu leben vermochte.

Wir aber stehen heute vor der Gefahr, daß uns dies Gut, verarmt und beraubt, völlig verlorengeht. Tausend Jahre der Überlagerung durch fremde Denkweise haben uns dazu gebracht, mit dem Verstande nach dem zu fragen, was ehemals dem wissenden Gemüte eine fraglose Selbstverständlichkeit war. Das Gewollte ist mehr und mehr an die Stelle des Gewachsenen getreten; aber vielleicht ist gerade darum unsere Sehnsucht um so stärker geworden, zu den halbverschütteten Quellen zurückzufinden und aus ihnen die Heiligkeit des Lebens wiederzugewinnen, die unseren Ahnen ihre innere Sicherheit in Tapferkeit und Treue gab. Das aber kann heute nur auf dem Wege über das volle Bewußtsein möglich sein, wenn wir uns ehrfurchtsvoll mit dem alten heiligen Gedankengut beschäftigen und seinen Gehalt in unserer Sprache darzustellen versuchen.
Aus dieser Absicht sind die folgenden Darstellungen entstanden; sie sind aus dem Miterleben des Jahresläufes geschrieben und hier wieder zwanglos in den Ring des deutschen Jahres hineingestellt, wie es unsere Ahnen erlebt haben. Sie sind aus dem Erlebnis dessen hervorgegangen, was als Erinnerung in uns lebt, und was die Wissenschaft erkannt und erwiesen hat. Aber es sind keine wissenschaftlichen Gedanken im üblichen Sinne; sie wollen wieder lebendig machen und in lebendes Gut umgießen, was noch als Nachklang lebt und was eine der völkischen Erneuerung dienende Wissenschaft aus früheren Zeiten gesammelt hat: sofern es sich dabei überhaupt um wirkliche Lebenswerte handelt. Zwar sind es nur wenige Stücke aus der Schatzkammer des ewigen deutschen Geistes, und doch sprechen sie

uns an wie etwas längst Vertrautes. Es wird, so hoffen wir, das echte alte Gold darin blinken und vielen etwas von dem alten Ahnenerbe wiedergeben. Mag der einzelne Leser sich in der Stille mit diesem Buch in jenes alte und ewig junge Land unseres heimatlichen Glaubens zurückfinden, mögen größere Kreise gemeinsam den Weg zu den Quellen unseres Wesens suchen; wir hoffen, daß sich für alle der Zweck dieses Buches erfülle: ein Wegweiser zu sein zu den ewigen Werten der deutschen Seele.

Winterwende – Jahreswende

Alles Leben ist Kampf und Sieg. Sieg aber ist die Verpflichtung zu immer neuem Kampfe. Daher ist Kampf der höchste Inhalt des siegreichen Lebens selbst.
So lautet, in unsere Sprache übersetzt, das heldische Bekenntnis des Germanen. Es ist ein Bekenntnis, in

dem die Erfahrung und der Widerhall des ewigen Kampfes sich ausdrückt, den einst in der Urzeit die Ahnen der Deutschen gegen das ewige Eis des Nordlandes zu kämpfen hatten. In diesem Kampf liegen die Wurzeln unserer Kraft, unseres Geistes, unseres Glaubens und unserer Gesittung.
Im kargen Norden, wo das Feuer der Sonne nur langsam und im zähen Kampfe mit dem Eis dem Nordmenschen spärliche Lebensmöglichkeiten bot, ist die Weltanschauung des Germanen entstanden. Sein Leben war Kampf mit Finsternis und Kälte, und in diesem Kampfe hatte er außer seiner eigenen Kraft und Zähigkeit keinen anderen Bundesgenossen als die Sonne, die Jahr für Jahr auf wenige kurze Monate aus Nebel und Finsternis emporstieg und ihm einen kurzen, aber wunderbar hellen Sommertag bescherte. So wurde dem Germanen die Sonne das Urbild und das Sinnbild seiner eigenen Kraft; das Sinnbild des göttlichen Funkens, den er in sich brennen fühlte, des Funkens, den er als stete Verpflichtung zum heldischen Leben spürte. Das Leben der Sonne in ihrem kurzen Jahreslaufe, in ihrem frohen, lichten Sommertag und in ihrer dunklen winterlichen Versunkenheit ward ihm ein Sinnbild des eigenen Lebens, das ihm als eine hohe Aufgabe gestellt war: als die Verpflichtung zum Kampfe mit der Finsternis und mit all den bösen Mächten, die den reinen Funken des hohen Lebens bedrohen.
Von Norden her strahlte nordischer Geist und nordisches Blut in immer neuen Wellen über die bewohnte Erde, und überall brachte er seine hohe Weltanschauung mit, die eine Weltanschauung des Lichtes war; eine heldische Weltanschauung steten, rastlo-

sen Kampfes. Aber der Kampf des Lichtes ist nicht Sache unfroher, verdrossener Seelen. Er trägt seinen Lohn, seine Freudigkeit in sich: Freude war und ist der Grundton alles echten Heldentums.
Freude beseelte die kampfesfrohen nordischen Scharen, die im fernen Indien und auf den Bergen von Iran Staaten und hohe Geisteskulturen schufen. Freudiges Heldentum lebte in den unvergeßlichen Taten der uns nahe verwandten alten Griechen. Und froh und heldenhaft waren die germanischen Scharen gesinnt, die in den Stürmen der Völkerwanderung Altes und Morsches zertrümmerten und dafür ein neues, germanisch bestimmtes Europa schufen. Wo jemals ein Dichter oder Denker nordischen Blutes und Geistes sein höchstes Glaubensbekenntnis Gestalt werden ließ, da faßte er es unter dem uralten Gleichnis aus dem Erlebnis seiner urzeitlichen Ahnen heraus, das noch in unserem großen Dichter lebte und leuchtete:

Froh wie seine Sonne fliegen
Durch des Himmels prächtigen Plan,
Wandelt, Brüder, eure Bahn
Freudig, wie ein Held zum Siegen!

Die Sonne ist dem Nordmenschen Schöpferin alles Lebenden. Mit dem Sonnenfeuer hat der nordische Prometheus das göttliche Licht vom Himmel auf die Erde geholt und das Feuer entzündet, das nie erlischt, solange das große Himmelslicht über uns seine Bahn zieht, und solange hier auf der Erde heldenhafte Herzen schlagen, die aus der Reinheit des

Geistes heraus das Vermächtnis der Ahnen zu neuem Leben gestalten.
In seinen Jahresfesten feiert der Deutsche den Kampf des Lichtes mit Kälte und Finsternis. In dem alten, heiligen Feste der Wintersonnenwende begeht er die Wiedergeburt des Lichtes aus der Jahresnacht; in den Höhenfeuern der Osterzeit feiert er den siegreichen Wiederaufstieg des Himmelslichtes zur großen heldischen Tat des Frühlings und des Sommers. Er feiert den Sieg des Lichtes zur hohen Sommerzeit, wenn die Sonne den höchsten Stand in ihrem jährlichen Laufe erreicht. Dann grüßen die Feuer von den Höhen wiederum die Sonne, das große Gleichnis des eigenen Lebens in seinem Werden und Vergehen. Denn der heldische Nordmensch weiß: In allem Werden ist das Vergehen beschlossen. So wie die Sonne von ihrer siegreichen Höhe wieder abwärts wandelt in das Dunkel der Winternacht, so wird er selbst von des Lebens Höhe hinabschreiten in das Dunkel des Todes. Aber der Funke des göttlichen Lebens erlischt nie: der Sonne gleich wird er sich wieder erheben und von neuem den Kampf mit der Finsternis aufnehmen.
Leben ist Kampf – Lebensgemeinschaft ist Kampfgemeinschaft. An den Jahreswenden, in denen sich besonders eindringlich das Erlebnis des Kampfes versinnbildlicht, muß auch das Gemeinschaftserlebnis seine eindringlichste Vertiefung erfahren. Die Sonnenfeuer, mit denen wir die heilige Jahresnacht begehen, sind die tiefsten Feste unserer Volksgemeinschaft. Am meisten aber jenes Feuer, das mit dem Siege der wiedergeborenen Sonne zugleich auch die Frucht der gemeinsamen Jahresarbeit feiert,

wenn Scheuer und Speicher voll sind von der goldenen Frucht des Jahres; wenn es geheimnisvoll in den Lüften raunt von der Jagd des Gottes, der alles Tote im Sturme mit sich führt, um es im Brausen des Alls dem neuen Leben wiederzugeben.

So ragt der wintergrüne Baum, der Jahres- und Lebensbaum von einem Jahr in das andere und leuchtet als das „strahlende Banner Gottes", wie ihn unsere Vorfahren nannten, den Reihen der kommenden Jahre und Geschlechter voran. Ehemals wirbelten dann in ganz Germanien brennende Scheiben durch die Luft, Fackelläufer umschritten und umschreiten hier und da noch die schneebedeckten Felder, die neugeborene Sonnenkraft der mütterlichen Erbkraft verbindend. Den Toten aber, die mit zur Gemeinschaft der Kämpfenden gehören, weihte man den Minnetrank der Lebendigen.

All dies, was uns in den Tiefen des deutschen Volksgemütes als unzerstörbarer Kern unseres Wesens treu bewahrt wurde, wollen wir wieder lebendig und sichtbar werden lassen. Wenn die Sonnenfeuer emporlodern, so kennen wir ihren alten und ewig neuen Sinn: Wahret den heiligen Funken, in dem sich Gott in der nordischen Winternacht den Ahnen und euch offenbart hat.

Vom Sinn der Fasnacht

Manches, was uns heute leer und inhaltlose Gewohnheit wurzelloser Großstädter geworden zu sein scheint, hat doch seine Wurzeln noch in jenem Boden jahrtausendealter Überlieferung, auf dem einst tiefstes Erleben gewachsen ist, das aus der Urzeit bis in unsere Tage hineinragt. Zu den Sinnbildern dieser Bräuche gehören noch die Sinnbilder der Weltordnung, wie sie unsere Ahnen erkannten, aber auch

Werkzeuge und Geräte, mit denen sie einst den großen Kampf um Licht und Leben führten. Sie führten ja diesen Kampf nicht nur mit verbissener Zähigkeit und Ausdauer; sie kannten auch Siegesfeiern in dem ewigen Kampfe um Sicherung und Wahrung des Lebens. Auch der lebenstüchtige und lebensernste Nordländer konnte bei diesen Siegesfeiern zum erfüllten Menschen werden. Bei seiner engen Verbundenheit mit dem Leben und Laufe der allerhaltenden Sonne tritt dieser Überschwang besonders dann ein, wenn die Lebensspenderin aus der engen Haft des Winters siegreich heraustritt und als befreite Königin strahlend ihren Lauf zur sommerlichen Höhe beginnt.
Kein Wunder, daß der Mensch des Nordens, der ja ein Freiluftmensch war, wenn er zum ersten Male von der belebenden Kraft der Himmelsleuchte aus dem winterlichen Hause gelockt wurde, im wahrsten Sinne „aus dem Häuschen" war; daß die unbändige Lust des sorgsam behüteten Lebens neu emporquellend ihn übermannte und die Jugend des Jahres ihn zu übermütigem Tun verlockte. Dieser hemmungslose Übermut, der die Dinge auf den Kopf stellt und alles Erstarrte, Ältliche und allzu Würdige durch fröhliche Lächerlichkeit überwindet, ist die andere Seite des germanischen Menschen, der, zwischen Eis und Sonne gestellt, im Ernsten und im Heiteren den vollen Sinn des Lebens begreift.
Hier liegt der tiefere Sinn unsere Fasnachtsbräuche, die ursprünglich weder mit dem kirchlichen Fastengebot etwas zu tun haben, noch auch ihren Namen daher bekommen haben. Der Name bezeichnet vielmehr die Feuernächte des wachsenden und früchte-

reifenden Lebens. Diesen Sinn erkennt man vor allem noch dort, wo sich in ländlicher Abgeschiedenheit die Bräuche echter und sinnvoller erhalten haben als im Bereiche der entseelenden Großstadt. Auch dort ist die lärmende Fröhlichkeit der Grundton der Feiern; aber die Freude ist noch innerlicher und echter, weil sie ihrem tieferen Ursprunge noch näher ist. Vielfach läuft man noch mit brennenden Fackeln über die Felder, „das Korn zu wecken", wie man sagt, und ihm sinnbildhaft den Sieg und Aufstieg des Lebens mitzuteilen. Manches haben wieder nur die Kinder, die beständigsten Bewahrer vorzeitlichen Brauchtums, in ihren Spielen und Liedern bewahrt. Sie wissen in ihren Frühjahrsspielen noch von der Jungfrau mit dem goldenen Haare, die von dem bösen Riesen in dem dunklen Turm oder im Irrgarten eingesperrt war, und die nun durch den jugendlichen Helden wieder befreit und zum Brautlauf geführt wird. Sie spielen noch – sogar auf dem Asphalt der Großstadt – das uralte Spiel von Himmel und Hölle oder von dem Schneckenhaus, dem Abbild der winterlichen Sonnenbahn, das als „Trojaburg" an eigenen Orten noch den uralten Schauplatz des Spieles von der Befreiung der Jungfrau bildet.
Vielfach sind diese Spiele im Kalender weit auseinandergeschoben, denn die Kirche hatte ja mit der von ihr eingeführten Fastenzeit mitten in die fröhliche Festzeit einen Keil getrieben; und so findet man die gleichen Bräuche teils im Frühjahr, teils im Sommer wieder. Und gerade der Ruf zur strengen Buße steigerte dann die Festeslust in den letzten Tagen vor der Fastenzeit erst zu jenem wilden Taumel, den wir heute zum Fasching gerade in solchen Städten fin-

den, wo die Fastenzeit noch gehalten wird. Was hat es nun mit dem Worte „Karneval“ auf sich, unter dem nicht nur in Deutschland, sondern auch in südlichen Ländern dies alte Frühlingsfest begangen wird? Das Wort ist lateinisch, der Brauch urdeutsch. „Carrus navalis“ ist ein auf Räder gesetztes Schiff, das in alten Zeiten als Sinnbild des einziehenden Frühlings durch die Lande gefahren wurde, von fröhlichen lärmenden Menschen erfüllt, die den Sieg des neuen Lebens verkündeten. Ein alter Brauch seefahrender Völker, für die ja die Wiederaufnahme der Schiffahrt das lebenswichtigste Ereignis des jungen Jahres war. Wir wissen, daß man in germanischer Zeit die göttliche Gestalt der Nehalennia, wie damals die befreite Jungfrau genannt wurde, durch die niederrheinischen Lande fuhr. Auf diesem Schiff kommt in Sage und Märchen der Heilbringer mit der Gabe aus unbekannten Landen geschwommen; es bringt den Lohengrin unserer Sage mit dem Frühlingsvogel, dem heiligen Schwan; es trägt auch den heiligen Jahresbaum, an dessen Wurzeln es in der Julnacht gelegen hat. Der Schiffswagen mit den fröhlichen Narren hat das ganze Mittelalter hindurch als festliches Sinnbild gedient; der Dichter Sebastian Brant versuchte unter seinem Bilde die zahllosen Narren der ganzen Menschheit zu geißeln.

Was für seefahrende Völker das Schiff, das ist für die Ackerbauer der Pflug; und auch diesen finden wir heute noch unter den Sinnbildern der lebensweckenden Frühlingszeit. In Sachsen wird er schon zum Lichtmeßtage, an dem nach alter Arbeitsordnung die Arbeit bei künstlichem Lichte aufhörte, von Narren bespannt und mit fröhlichem Peitschenknall und

allerlei lustigem Unsinn durch Gassen und Felder gefahren, Menschen und Felder zu wecken und den Wiederbeginn der Ackerbestellung zu verkünden. Auch diesen Pflug finden wir schon auf den urzeitlichen Felszeichnungen des Nordens, die an Alter und Bedeutung den viel berühmteren ägyptischen Wandbildern zum mindesten ebenbürtig sind.
Auch der heute wie ein König gefeierte Prinz Karneval und seine Gemahlin haben einen Stammbaum, der weit in die germanische Vorzeit zurückreicht. Wir haben sehr alte Berichte, in denen von der festlichen Einholung einer riesigen Puppe erzählt wird, in der vielfach ein Mensch verborgen war, wie es in südlichen Ländern heute noch der Brauch ist. In Flandern nennt man ihn geradezu den „Riesen", und man feiert ihn wie einen König, der nach langer Abwesenheit wieder in sein Reich zurückgekehrt ist, und der – wie es früher einmal war – dort im fremden Land die Jungfrau aus der Haft des Winterriesen befreit hat, um sie nun in festlichem Zuge heimzuführen. Wir sehen, es ist der Frühling selbst, der da unter diesem Sinnbild eingeholt wird; und der festliche Brautzug, den sein Umzug eigentlich darstellt, ist der uralte Mythos der Vermählung von Himmel und Erde, die sich in der Erweckung der mütterlichen Erde durch die Strahlen der jugendlichen Sonne vollzieht. Die Einholung dieses „Riesen" ist schon auf einem germanischen Felsbild darstellt, das mehrere tausend Jahre alt und somit wohl die älteste Darstellung eines Fasnachtszuges ist.
Fröhlichkeit und Lebenslust und überquellende Daseinsfreude – nicht in oberflächlicher Gedankenlosigkeit, sondern als tiefe, sinnvolle Bejahung des

Lebens selbst – das ist der Sinn der fröhlichen Fasnacht, die als Ergänzung ernsterer Feiern auch zum Erbgut unserer Ahnen gehört.

Vom Schwerttanz und den Schwertfechtern

Vor vielen Jahren war zur Fasnachtszeit in einem kleinen Dorf in Westfalen ein merkwürdiger Aufzug zu sehen: Acht Männer, die gewaltige Schwerter auf den Schultern trugen, zogen unter Führung eines neunten von Hof zu Hof. Wo sie hinkamen, da wurde ihnen die breite Dielentür bereitwillig geöffnet; sie gingen dort kurze Zeit im Reigen herum und streckten dann auf Befehl des neunten, des Vortän-

zers, ihre Schwerter kreuzweise zusammen, so daß die scharfen Klingen einen großen Stern bildeten. Ein jeder hielt in der Rechten sein eigenes Schwert und in der Linken die Schwertspitze seines Gegenübers, die zur Vermeidung von Verletzungen mit Stroh geschützt war. Diesen Schwerter-Stern begannen sie nun wiegend zu bewegen, und wenn ein gewisser Schwung erreicht war, so sprang der Vortänzer mit einem kühnen Satz auf den Mittelpunkt der „Rose". Er wurde mit ihr hochgeschnellt, fiel zurück und wurde beim nächsten Male noch höher hinaufgeschnellt, um jedesmal mit unheimlicher Sicherheit seinen schwankenden Tanzboden wieder zu erreichen. Das Spiel ging so lange weiter, bis der kühne Tänzer mit einem Schwunge den Dachbalken oben erreichte, an den er sich anklammerte, um meist dabei ein Beutestück, einen Schinken oder eine Wurst zu erhaschen. Dies wurde in einen großen Sack gesteckt, und die Schwertfechter zogen weiter, um auf anderen Höfen mit ihrem tollkühnen Spiel weitere Beute zu sammeln, die dann bei dem gemeinsamen Festmahle verzehrt wurde.
Und doch trieb man solch lebensgefährliches Spiel natürlich nicht dieses Lohnes wegen. Dem Germanen ist alles Spiel ein Abbild des Lebens, über dessen hartes und gefährliches Wesen er sich nie getäuscht hat, das er vielmehr in dieser Härte und Gefährlichkeit so völlig bejahte, daß seine Spiele zum guten Teile Kampfspiele sind. Und wenn diese eisenharte Brüderschaft, deren Glieder alle abwechselnd den gefährlichen Tanz wagten, nachher beim Kultmahle die gewonnenen Gaben verzehrten, so gab sie damit wohl dem Gedanken Ausdruck, daß dem Manne nur

das zu genießen geziemt, was er sich unter Einsatz von Leib und Leben selbst erstritten hat. So bedeutet „spielen“ im altdeutschen Sprachgebrauch zugleich „fechten“; und wie ihm das Spiel ein Abbild des Lebens ist, so faßt er auch das Leben als ein einziges, den männlichen Mut erhebendes Kampfspiel auf. Von diesem Kampfspiel der Germanen wußte schon der Römer Tacitus vor zweitausend Jahren zu berichten: „Es gibt nur eine Art Schauspiel bei ihnen, das bei jeder Zusammenkunft wiederkehrt. Nackte Jünglinge, die dieses Spiel als Sport betreiben, führen zwischen Schwertern und Speeren einen gefährlichen Tanz auf. Übung brachte Kunst, diese Anmut. Doch tun sie dies nicht zum Erwerb oder Verdienst: das Vergnügen der Zuschauer ist der einzige Lohn für kühne Verwegenheit.“

Ganz hat also der Römer den Sinn des germanischen Spieles wohl nicht erfaßt. Die Wollust des Wagens ist das, was den kühnen Spieler erhebt, und was ihn im großen Schwerttanz der Schlacht furchtbar und unüberwindlich macht; hat man doch bis in die Zeit der Landsknechte das Schlachtgetümmel einen Tanz oder einen Reigen genannt. Und es spielt noch ein anderer Sinn hinein: der Kampf zwischen Licht und Dunkel wird sinnbildlich, aber darum nicht minder gefährlich, darin ausgefochten. Aus diesem Grunde finden wir den Schwerttanz gerade bei der Feier des Frühlings, die ja den eigentlichen Sinn der Fasnacht darstellt, und bei Hochzeitsfeiern, der eine Bewährung im Schwerttanz vorauszugehen hat, der sich ursprünglich, und hier und da bis in unsere Zeit, der Bräutigam selbst zu unterziehen hatte. Von einem solchen Frühlingsspiel, das dort „Osterspiel“ genannt wird, erzählt uns im Mittelalter in einem Liede Herr Neithart von Reuenthal: da binden sich im Frühling die Bauern ihre glänzenden langen Schwerter um; Fridebolt, der Vortänzer, trägt das Schwert, das anderswo der „Ostersachs" genannt wird, und führt die Schar auf den Wasen, der vor dem Dinghoftor liegt. Der Dichter ruft ihm zu, er soll sich recht wacker halten und beim Fechten hochgemut seinen Mann stehen, damit „Frau Künze" ihr Wohlgefallen daran habe – womit er wohl auf die heimlich verehrte „Vrouwe" dieses bäuerlichen Ritters anspielt. Aber bei den Bauern hat sich das uralte Spiel am längsten in der ursprünglichen Weise erhalten, und am zähesten dort, wo die alte bäuerliche Freiheit am längsten lebendig und verpflichtend geblieben ist. In einem Dorfe in Lippe konnte bis vor hundert Jahren keiner in die Bauernschaft einheiraten, wenn er nicht das Fechterschwert besaß, das man dort einen „Pauk" nannte. Das heißt, der germanische Dorfverband nahm überhaupt keinen Mann auf, der sich nicht im Kampfe und im Kampfspiel als tüchtig erwies.

So hat die deutsche Volksüberlieferung auch ihren höchsten Sagenhelden, den König Dietrich von Bern, zu einem Schwerttänzer gemacht, der in einem Fasnachts-Fechterspiel auftritt. Da ist der König Etzel selbst der Vortänzer, Dietrichs berühmte zwölf Gesellen sind Schwerttänzer, und er selbst ist es endlich, der im Schwertgefecht den dämonischen Herausforderer erlegt und die gefangene Jungfrau befreit, was nun wieder an den Kampf zwischen Sommer und Winter um die Befreiung der Sonnenjungfrau erinnert. Und ähnlich ist auch das Lied von dem

Wormser Rosengarten zu einem Schwertfechterspiele geworden, in dem Dietrichs Helden mit Kriemhildens Mannen kämpfen; der Vortänzer und Sieger ist auf Dietrichs seiten der alte Hildebrand, dessen Name auch sonst in den Schwerttanzspielen genannt wird. Dies erinnert uns daran, daß der eigentliche Grundton all dieser Schwertspiele im Grund doch ein tieftragischer war. Denn unser ältestes Heldenlied erzählt ja von dem verhängnisvollen Schwertgefecht zwischen Vater und Sohn, in dem Hildebrand seinen Sohn Hadubrand erschlägt.
Dieser tragischer Ausgang wird auch in unseren Schwertfechterspielen dargestellt: ein Fechter sinkt, scheinbar zu Tode getroffen, zu Boden und wird von den übrigen auf den Schwertern hinausgetragen. Nach einiger Zeit wird er freilich wieder aufgeweckt, was wohl wiederum aus dem uralten Mythos vom Tode und der Wiedergeburt des Helden stammt. Daß dieses im tiefsten Kerne höchst tragische Spiel durchweg zur Fasnachtszeit stattfand, also in einer Zeit der tollsten Ausgelassenheit, ist nur scheinbar ein Widerspruch. Irgendeine Bußgesinnung steht freilich beim Germanen nicht dahinter, sondern sein Wissen um die beiden Seiten des Lebens: die harte Notwendigkeit und die fröhliche Zuversicht, die an die Unvergänglichkeit des Lebens glaubt und darum, wie im alten Heldenlied, über die eigenen Wunden zu scherzen und zwischen Schwertern und Lanzenspitzen zu tanzen versteht.

Osterfeuer

und

Osterwasser

Vom Eise befreit sind Ströme und Bäche! Das große Rad des Jahres und des Lebens hat seinen Aufwärtsgang von neuem begonnen; die Zeit des ersten Erwachens der unbändigen, neuen Lebensfreude ist einer stilleren und besinnlicheren, aber auch vertieften und innerlicheren Stimmung gewichen. Heller und zeitiger strahlt der erste Tagesschein von Osten her: der Tag hat die Nacht eingeholt, und bald hat er

an Länge seinen nächtlichen Bruder überflügelt. Es kommt der Tag, an dem Aufgang und Niedergang des großen Himmelslichtes das Gleichgewicht von Tag und Nacht herstellen, da es im Osten erscheint und im Westen verschwindet und so die große Waagerechte im Jahresrade bildet, von der aus nun unaufhaltsam der Aufstieg zur sommerlichen Höhe erfolgt.
In Namen und Brauch dieser Zeit des siegenden Lichtes lebt noch heute sein alter, heiliger Sinn. Als die Zeit der länger werdenden Tage nannten ihn unsere altdeutschen Ahnen den „Langizo“, der bei uns als der holde Lenz erscheint und in Tirol heute noch der „Langes“ genannt wird. Als ein Jüngling mit blumenbekränzten Haaren ist er seit mehr als tausend Jahren von unseren Dichtern besungen worden – nicht anders als der jugendschöne Gott Freyr, der von den ackerbauenden Ahnen unserer Vorzeit als der Bringer von Lenz und Leben gefeiert wurde, und dessen goldborstiger Eber an Hügeln und Hängen den letzten Schnee verschwinden ließ. Uns aber ist die große Zeit des Erwachens und Wachsens alt und immer wieder neu vertraut unter dem Namen „Osterzeit“. Kaum ist uns bewußt, was der Name eigentlich bedeuten mag; aber sein Zauber ist unverändert geblieben durch alle Zeitalter der Überfremdung, der Verfälschung und der Verflachung, die in Jahrtausenden über unser Volk gekommen sind. Sein Erlebnisinhalt bedeutet heute wie ehemals Licht und Leben und das dämmernde Morgenrot einer neuen Zeit; und wirklich liegt das auch in seinem Wortsinne, der ursprünglich einmal „neues Licht“ bedeutet hat. Es hängt mit „Osten“ zusammen, denn wenn das Himmelslicht wieder genau im Ostpunkt er-

scheint, dann ist die Zeit des sommerlichen Aufstiegs gekommen: die obere Hälfte des Jahres hat begonnen.
Dies neue Licht aber wurde von alters her mit irdischen Feuern begrüßt, die aus mächtigen Holzstößen von den Bergen loderten, Sieg und Heimkehr zu verkünden. Wiederum wird die Botschaft von Berg zu Berg, von Höhe zu Höhe weitergegeben: so wie unsere Ahnen einen großen Sieg auch den fernsten ihrer Volksgenossen durch diese Feuerketten verkündeten. Und noch weiter ging und geht der alte Brauch, der in seinen Sinnbildern sinnvolle Lebensbedeutung offenbart: das Rad des heiligen Jahres selbst ist von den Flammen des neuen Lichtes erfaßt und rollt licht- und feuersprühend über die Erde. In mancher stillen Landschaft, wo die Verkehrswalze noch nicht alles zermalmt hat, rollen diese Feuerräder noch heute; vererbt von Geschlecht zu Geschlecht mit dem heiligen Feuer von Blut und Leben selbst, dessen Sinnbilder sie sind. Da gilt es schon viele Wochen vorher, das Stroh zu sammeln und herzurichten, mit denen die gewaltigen Holzräder gestopft werden; frohe und feste Gemeinschaft bildet sich in dieser gemeinsamen Vorbereitung, denn sie rührt an den innersten Kern dessen, was das Wesen aller Volksgemeinschaft ist: die gemeinsame Ausrichtung auf das ewige Ziel, das uns allen durch die Natur gegeben ist. Am Tage des Festes werden die Räder auf den Berg gerollt, beim Dunkeln der Nacht angezündet und talwärts in Lauf gesetzt. Ein Flammenwirbel rollt hinab, eine leuchtende Spur hinter ich ziehend; in immer mächtigeren Sprüngen jagen die Räder zu Tal – mit den Feuerspuren auf

den Feldern die Botschaft des Lichtes hinterlassend, bis sie ausgebrannt sind oder jäh im nächsten Bach oder Fluß verlöschen. So geschah es früher überall in germanischen Gauen; heute hat sich nur in Hessen und Westfalen der Brauch in alter Lebendigkeit erhalten.

Noch andere Runenzeichen künden vom Sinn dieser sieghaften Zeit. Die Mann-Rune, die den Aufstieg des Lichtes versinnbildlicht, ist heute noch als Zeichen der Osterzeit in unseren brauchtümlichen Sinnbildern erhalten. In Friesland, Holland und Westfalen nennt man sie „Palmboschen"; es sind dreigegabelte Stecken, die mit Eiern, mit mancherlei Laub, mit den letzten Äpfeln und mit bunten Bändern reich verziert sind. Sie haben ihre vergrößerten Abbilder in den „Ostermaien", die hier und da errichtet werden als Zeichen des Frühlings; sie werden mit Stroh umwunden und von oben nach unten abgebrannt. „Der Menschen Freude" heißt die Rune im alten Runenliede, und deshalb ziert sie noch heute die Stirn der Leitkuh, wenn das Vieh in den deutschen Alpenländern zum erste Male wieder auf die Alm getrieben wird. Und noch deuten andere Sinnzeichen wie Ostergebäck und Giebelzeichen auf den tieferen Gehalt: wenn die Rune zu einer menschlichen Gestalt mit erhobenen Armen umgeschaffen wird, so ist das der Heilbringer selbst, der die Sonne hoch am sommerlichen Himmel emporzuheben beginnt.

Mannigfach sind die Deutungen, die dieses Ostererlebnis in unseren Sagen und Märchen, den treuesten Bewahrern alten Ahnenglaubens gefunden hat. Das Märchen erzählt von den sechs Brüdern, die in sechs Schwäne verwandelt worden sind, und die

durch ihre Schwester erlöst und dem neuen Leben wiedergegeben werden. Das Ostergebäck zeigt uns noch das sechsteilige Rad mit den sechs Schwänen, das am immergrünen, aufgerichteten Tannenzweig aufgehängt ist. Und Sage und Märchen führen uns auch bis in jene ferne Zeit zurück, in der unsere vertrauten Märchenbilder vielleicht einmal greifbare Wirklichkeit gewesen sind, und in der auch der Name „Ostern" noch seinen vollen Sinngehalt hatte. Sie wissen noch von der Jungfrau, die in der Kammer eines unzugänglichen Turmes eingeschlossen ist, der nur ein Fenster nach Osten hat: durch dieses aber steigt der jugendliche Sonnenheld hinein und führt die befreite Jungfrau zum lenzlichen Hochzeitsfest. So hat es uns unter vielen anderen auch das Märchen von Dornröschen überliefert. Der Name Ostara, den diese Versinnbildlichung der allmächtigen Lebenskraft einst geführt hat, bewahrt uns bis heute Namen und Sinn dieses Ahnenvermächtnisses.
Es lebt auch in dem Brauchtum, das immer wieder aus den Tiefen der deutschen Seele genährt wird und das daher weder mit „Aberglauben" noch mit dem oberflächlichen Zivilisationsdünkel unserer Zeit etwas zu tun hat. Es ist der Glaube, daß in heiligen Osternächten die göttliche Allmacht des Lebens gesteigert die ganze Natur durchwaltet: das Feuer, das auf den Bergen brennt, und das Wasser, das durch die neue Sonne vom Eise befreit ist. So gehen die Frauen in heiliger Morgenstunde zum fließenden Bach, das Osterwasser zu schöpfen, das jetzt selbst alle heilenden, reinigenden und belebenden Kräfte enthält, mit denen die Ostersonne die ganze Natur durchströmt.

Ein uralt-heiliges mythisches Bild! Es mahnt uns an die Frauen, die am Weltbrunnen sitzen und unser Schicksal in Händen halten.

Brautweihe und Brautschmuck

Dem Germanen lag alle Sicherheit des Seins, alle Geborgenheit im Wechsel der Zeiten und Schicksale, beschlossen in seinem Grundgedanken von der Einheit der Welt, der Einheit des Innen und Außen, des Einzelnen und des Allgemeinen. So waren ihm die großen Vorgänge des Weltlaufes großartige Widerspiegelungen des Menschenlebens; das Menschenleben aber mit seinem Aufsteigen, seinen hohen

Zeiten und seinem Niedersteigen war ihm eine Wiederholung des Weltkreislaufes in tausend Einzelkreisen – in beiden Kreisen aber herrschen die gleichen ewigen und unverbrüchlichen Gesetze. So selbstverständlich war die große Einheit von Jahreslauf und Lebenslauf, daß diese uns heute noch im Blute liegt und daß unsere Sprache noch immer von dieser Einheit Zeugnis gibt. Wenn sich die Sonne rüstet, ihre „hohe Zeit" zu begehen, die Zeit, in der sie hoch und leuchtend am Himmel steht, so war dies vor allem die Zeit, in der die Liebenden zueinander fanden und gemeinsam den Weg antraten, der zur Höhe und zur Vollendung allen Lebens führt. Die „Hochgezeit" war ein Freudenfest, eine Lebensfeier schlechthin, und wenn das Wort heute nur noch die Brautfeier bedeutet, so sieht man daraus, daß alle Festlichkeit und Lebensfreude in dieser einen Feier beschlossen war.

Wie arm wären wir, wenn wir uns aus den Lehren der heutigen Naturwissenschaft allein ein Weltgefühl gewinnen müßten, wenn wir nicht noch von dem lebten, was die vergangenen Jahrtausende uns an Lebenswissen und Weltweisheit hinterlassen haben! Wenn wir nicht ganz von selbst in jedem Frühling wieder an der Hochzeit teilhätten, die Sonne und Erde miteinander feiern und die immer das ewige Urbild der Hochzeit zwischen Mann und Maid gewesen ist! „Es war, als hätte der Himmel die Erde still geküßt" – das war seit der Urzeit die Melodie zu jeglicher irdischen Hochzeit; es war die Melodie zu aller wahrhaft frommen und von Gott geweihten Lebensfreude, die das göttliche Leben von Geschlecht zu Geschlecht weiterträgt und die in Germanien niemals ganz von der düsteren Weise des Sündengefühles und der Weltverneinung übertönt worden ist. Die Zeugnisse für diese heilige Hochzeit und Brautweihe finden wir schon in den ältesten bildhaften Urkunden unserer Vorzeit, in den Felsbildern des Nordens. Da steht der gewaltige, hammerschwingende Himmelsgott, der in unserem Donar weiterlebte, selbst vor dem Brautpaar und weiht es mit seiner Waffe, dem lebenschaffenden und unheilvernichtenden Hammer. Es ist die Waffe, die er in den lodernden Blitzen schwingt, wenn Himmel und Erde im Gewitter ihre stürmische Vereinigung feiern. – Noch Jahrtausende später sagt der Riesenkönig in einem Eddalied:

„Bringt den Hammer, die Braut zu weihen!
Legt den Malmer der Maid in den Schoß!"

Und noch ein christlicher Dichter des Mittelalters läßt die Jungfrau Maria sprechen: „Der Schmied vom Oberlande warf seinen Hammer in meinen Schoß." Streithammer und Streitaxt sind vom Schwert abgelöst worden, und so finden wir in den altdeutschen Rechtsbräuchen vielfach auch die Weihe der Braut mit dem Schwerte. Die Spuren solcher Schwertritzungen sind noch an den Brauttüren und Brautkapellen vieler alter Kirchen zu sehen; so wie sie vorher an den Brautsteinen der Heide angebracht wurden, an denen noch bis in die Neuzeit hinein die Brautweihe vollzogen wurde.
Wie sich eine solche Brautweihe gestaltete, wissen wir auch noch aus mancher Dichtung des deutschen Mittelalters; und hierbei verweilen die Dichter mit

besonderer Liebe, wenn es sich um die Verlobung eines großen und berühmten Helden handelt. Im Ringe der Freunde und Verwandten werden Siegfried und Kriemhild vermählt:

> Man hieß sie zueinander in dem Ringe stahn
> und fragte, ob sie wollte den stattlichen Mann.

Und auch von der Verlobung des schon todgeweihten jungen Giselher mit der schönen Dietlind weiß der Nibelungendichter ergreifend zu erzählen.

All dies Lebensbrauchtum aber war ursprünglich am Fürstenhofe wie am Bauernhofe ein und dasselbe, und so ist es fast das ganze Mittelalter hindurch geblieben, bis die alte germanische Lebenseinheit von außen zerstört wurde und innen zerbrach. Die junge Bäuerin war an ihrem Hochzeitstage Königin, und das Reich, das sie in Besitz nahm, war das Bauernhaus mit ihrem Hochsitz am Herd. Noch lange führte man die junge Braut dreimal um das Herdfeuer oder um den Kesselhaken; und bis in unsere Zeit tritt sie ihre Herrschaft über Haus und Hof an, indem sie sich auf den Brautstuhl setzt. Dieser Brautstuhl trägt heute noch Zeichen von uraltem Sinngehalt; darunter auch die Odalrune, das Sinnbild des heiligen Vätererbes, das von nun an die Hausfrau zu hegen und zu hüten hat.

Königliche Kleidung hat die Braut ursprünglich wohl überall getragen. Von dieser ist die Brautkrone noch heute in vielen deutschen Gauen erhalten, im Süden wie im Norden. Auch sie kennen wir schon von alten Darstellungen her, und unter dem Königsschmuck, den die mittelalterlichen Maler und Bildhauer ihrer Himmelskönigin verliehen, ist die Brautkrone wie so vieles andere der deutschen Wirklichkeit entlehnt. Ein uraltes Zeichen der königlichen Frau wie auch der Braut ist das „Fürspan", die goldene Brustscheibe, die meistens mit acht Steinen besetzt ist; sie hat ihre Vorbilder und Vorläufer in den germanischen Brustscheiben uralter Zeit. Im Mittelalter ist sie das Zeichen der Fürstin und Königin, aber auch der Frau aus freiem Odalsgeschlechte, die in den Städten allein das Fürspan tragen durfte. Nichts ist so kennzeichnend für das germanische Erbe, das auch noch im hohen Mittelalter lebte, als daß wir in der „Minne", wie sie die altdeutschen Dichter als das Urbild der Weiblichkeit feiern, die germanische Braut wiedererkennen: sie trägt das Fürspan, das „Insiegel der Minne". In der gleichen Brauttracht aber erscheint in der deutschen Mystik die göttliche Minne, die mit dem „göttlichen Insiegel" geschmückt ist; und auch dies göttliche Insiegel ist die goldene Scheibe mit dem „Siegel der Welt". Dies klingt wieder an jenen Gedanken von der Vermählung von Sonne und Erde an; und wenn die Bräute in Friesland, in Westfalen und in Siebenbürgen heute noch dies alte Sonnenzeichen tragen, das sich von der Mutter auf die Tochter vererbt, so offenbart sich darin der alte und immer junge Glaube an die Sonnenhaftigkeit des Lebens, als deren Hüterin die Frau und Mutter bestellt ist.

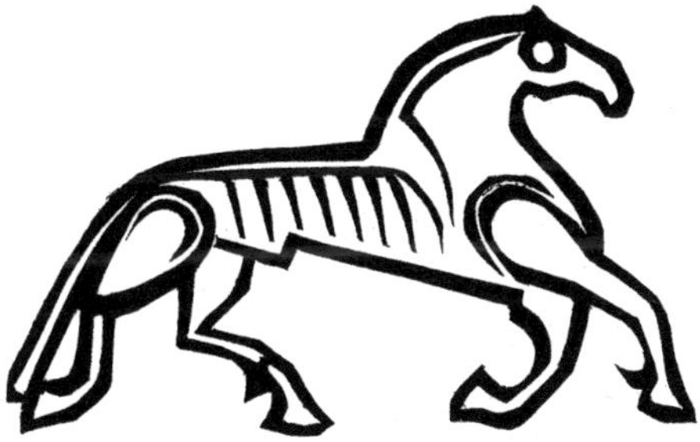

Der goldene Wagen

„Seine Klauen – durch die Wolken sind geschlagen,
er steiget auf mit großer Kraft ..."

So beginnt ein „Tagelied" von Herrn Wolfram von Eschenbach, einem unserer größten altdeutschen Dichter, der darin den Aufstieg des Sonnenadlers am östlichen Himmel besingt. Und in den größten Schöpfungen unserer Dichter und Sänger klingt fast immer ein Urerlebnis der Vorzeit neu auf: es ist dasselbe Erlebnis des neuen Lichtes, das sechshundert Jahre später Meister Ludwig van Beethoven wiederum zum gewaltigen Ertönen brachte in den vielgesungenen und vielerlebten Versen:

> „Sie kommt und leuchtet und strahlt uns von ferne,
> und geht den Weg gleich als ein Held."

Das uralte arische Erlebnis des Sonnenhelden, der wie ein Riese aus seinem Zelte tritt, um freudig seine neue Bahn zu laufen, ist dem südlichen Menschen mehr zum Erlebnis des Tages geworden, während der Nordmensch, für den Licht und Finsternis auf größerer Walstatt ihren ewigen Kampf ausfechten, es am tiefsten und nachhaltigsten im Jahreslaufe erlebt. Aber es gehört zum ältesten und eindringlichsten Erlebnis des nordischen Menschen, und so haben alle indogermanischen Sprachen das gleiche Wort für dies ewige Erlebnis des neuen Lichtes: die Uschas eröffnen dem Inder den Lichtreigen des Tages, die Aurora dem Römer und die Eos dem Griechen. Dem Germanen aber ist die aus dem gleichen altheiligen Bereiche stammende Ostara die Göttin des neuen Jahreslichtes geworden, oder vielmehr geblieben; denn in dem Jahreserlebnis des nordischen Sonnenlaufes wurzelt das Welterlebnis des Indogermanen überhaupt. So bedeutet der Name „Ostern" oder altdeutsch „ostarun" die „Tage des neuen Lichtes", in Zusammenhang mit dem Worte „Osten". Denn es ist ursprünglich jenes Fest, an dem die Sonne zur Frühlings-, Tag- und Nachtgleiche begrüßt wurde; wenn Tag und Nacht den Tageshimmel zu gleichen

Teilen beherrschen, der Tag aber siegreich fortschreitet, um von jetzt an ganz die Oberhand zu gewinnen. So stark war dieses Jahresfest im Brauchtum der Ahnen verwurzelt, daß das Christentum sich seinen Sinngehalt aneignen mußte, als es den Tag der Auferstehung des Herrn in die Zeit dieses Festes der wiedererstandenen Sonne legte; und daß der Name des alten heidnischen Festes bis heute mit seinem alten Sinngehalt lebendig geblieben ist.
Denn was spräche heute noch mehr zum Herzen, und was gäbe unserem Frühlingssehnen und Lichterlebnis tieferen Ausdruck, als all die Bräuche, die sich an diese heilige Osterzeit knüpfen – bis zu dem Backwerk, das die „frommen Bäckersleut' backen und zurechte machen“? Sie formen noch im Teig das altheilige Sinnbild des Jahresrades in seiner Rechtkreuzform, teilweise zur „Brezel“ weiterentwickelt; sie bilden auch das Jahresrad mit den sechs Schwänen, die der Gegenstand eines tiefsinnigen Märchens sind. Das viergeteilte Rad selbst ist das Sinnbild der Jahresgleiche, das heute immer noch in vielen Gegenden Deutschlands von den Bergen rollt, in feurige Lohe gehüllt, und als lebendiges Abbild des Sonnenlaufes den Fluren und Feldern das neue Licht und ein neues Leben verkündet. Schon im 16. Jahrhundert erzählt uns Johannes Boehm von diesem sicher sehr viel älteren Brauche: „Viele, die dieses staunenerregende Schauspiel noch nie gesehen, glauben, die Sonne oder der Mond falle vom Himmel herab.“ Der Brauch herrscht noch im Odenwald, im Bergland von Westfalen, in der Pfalz und anderswo. Das heilige Osterfeuer aber brennt in ganz Nordwestdeutschland auf den nächtlichen Bergen,

wenn der Ostertag der heiligen Osternacht weicht. Neben dem Rade hat es andere Sinnbilder altheiliger Weltbedeutung und Weltgläubigkeit bewahrt. So lodert zu Attendorn in Westfalen das Feuer um das Zeichen der Mensch-Rune ᛘ empor; und auch dabei hat sich das alte Zeichen des Aufstieges zur Jahreshöhe in seinem alten Sinngehalt behauptet. Denn es bezeichnet in den Runenkalendern jenes Jahresviertel, mit dem der Aufstieg zur höchsten Höhe des Sommers beginnt, zu der die „Mittsommerstange“ in der gleichen Form der alten Mensch-Rune aufgerichtet wird.

So ist auch das Holz, von dem sich dies Feuer sonst ernährt, von ganz besonderer Art; vielfach muß es noch gestohlen, das heißt heimlich beschafft werden. Es wird aber hier und da noch mit dem aus zwei Hölzern gebohrten „Notfeuer“ entzündet, mit einem Pistolenschuß in Brand gesetzt oder aus dem Steine geschlagen – ein Brauch, den selbst die früher feindlich gesinnte Kirche zum Karsamstag übernommen hat. Wie nun dies Feuer ein Sinnbild des neu entfachten Lebens selbst ist, so dient es auch der Erweckung des Lebens: man läuft mit brennenden Holzscheiten, Strohbüscheln oder Fackeln über die Felder, in denen sich eben die keimende Saat regt. Wenigen ist es bewußt, daß aus diesen Fackelläufen auch unsere Fackelzüge entstanden sind, die ein Ausdruck der Hoffnung auf ein neues Leben und eine neue Zeit sein sollen.

Auch der Sprung über das Feuer, der am Osterfeuer wie am Sonnwendfeuer geübt wird, hat diesen tieferen Sinn, er ist eine Mutprobe und zugleich ein Sinnbild des kühnen, neuen Lebens; denn alles Leben

erfordert Kühnheit und Wagemut. In einer unserer größten Mythen ist dieser brauchtümliche Zug Sage geworden: in der Sage von dem Helden Siegfried, der durch die Waberlohe reitet, um die schlafende erzumgürtete Braut zu neuem Leben zu wecken. Er ist selbst der alte Sonnenheld, der die Lichtjungfrau Ostara erweckt, die sich selbst im Flammenstoße dem geliebten Helden opfert. Hier sind Tod und Wiedergeburt eins; und die Wiedergeburt aus dem Feuer war wohl der ursprüngliche Sinn dieser Feuer, wie auch der Totenverbrennung unserer Ahnen.
All diese Bilder, die unseren Ahnen den Sinn ihrer Weltordnung widerspiegelten – Sonnenwagen, Sonnenrad und neues Licht – haben noch dem Dichter der „Trutznachtigall" vorgeschwebt, als er vor 350 Jahren dichtete:

O schöne Sonn! O Post so schnell!
O gülden Roß und Wagen!
O reines Rad, an reiner Quell
mit zartem Glanz beschlagen!
Im Winter war dein Licht, so hell,
das du uns gibst, verloren;
es schien dein Rad und deine Quell
von Kälte ganz erfroren.

Was der Maibaum erzählt

Eines jener Lieder, die deshalb zum Volkslied geworden sind, weil sie an eine urtümliche und wesentliche Seite des Volksgemütes rühren, singt von dem Lindenbaum, der über dem Brunnen am Tore rauscht. Darin ist der alte Gedanke zum dichterischen Erlebnis geworden, daß der Baum, und insbesondere der Lindenbaum, zum Menschen in so enger Beziehung steht, daß eine ganze Gemeinschaft ihn zum Schutzgeist erkoren hat.

Der Baum und sein Leben stehen in enger Gemeinschaft mit dem Leben derer, die ihn gesetzt haben. Aus dem Rauschen der Linde spricht der Geist der Gemeinschaft selbst, wenn Gott im Sturme ihre Zweige rührt. In ihre Rinde schnitzt man so manches liebe Wort, in der Hoffnung, daß es – dem Schutzgeist des gemeinsamen Lebens anvertraut – geheime Wünsche erfüllen und selbst lebendiges Leben werde. Ganz besonders gilt das für das heimliche Wünschen jener, die gemeinsam ihre Namen der Rinde anvertrauten. Ist doch nach uraltem nordischen Mythos das erste Menschenpaar aus zwei Bäumen erschaffen, da wo die ewige Woge den Erdenstrand bespült und Allvaters Atem weht.
Als Wächter über Recht und Gesetz stellt man den Baum an die Gemarkung der Gemeinde; er soll wie ein Beauftragter des höchsten Richters die Flur behüten und den Frevler abhalten. Darum bestraft man den Baumfrevler wie einen Räuber oder Mörder: Wer einem grünenden Baum den Wipfel abschlägt, dem soll auf seinem Stamme das Haupt abgeschlagen werden, und wer seine Wurzel verletzt, der soll mit seinem eigenen Fuße dafür büßen. So künden es alte Bauernweistümer. Aber diese Volksweisheit ist nur zu verstehen, wenn man ihrem tiefsten Sinne nachspürt: Das heilige und unverletzliche Leben selbst ist es, was unter solch strengen Schutz gestellt wird. Im Leben des Baumes aber fließt das Leben der Vielen zusammen, die wie Stamm und Äste und Blätter des Baumes eine lebendige Gemeinschaft bilden.
Lebendig spürbar ist manchenorts noch dieses Urgefühl, das aus einem uns fremd gewordenen Na-

turgefühl entspringt. Noch kennt man in Schweden den „Boträ", den Geschlechterbaum, in dessen Leben das Leben der Dorfgenossenschaft beschlossen ist. Von diesem Baum weiß unser niederdeutsches Märchen vom Machandelboom: er bewahrt das gemordete Leben und läßt es aufs neue erwachen; aus seinen Zweigen rauscht es Trost dem trostlosen Vater und Entsetzen dem schuldigen Mörder. In diesem Baume steckt das Wölsungenschwert, das heilige Vermächtnis der Sippe; und auch das Messer der beiden Brüder, das durch seinen Zustand verkündet, ob es dem fernen Bruder gut oder schlecht ergeht. Unter der Linde tritt die Dorfgemeinschaft zum Thing zusammen, zu dem die Lebendigen und die Toten durch feierlichen Aufruf entboten werden. Denn eine ununterbrochene Kette schlingt sich in der Geschlechterfolge um die, welche leben, und jene, welche ehemals lebten, aber nicht aus der Gemeinschaft geschieden sind.

In diesem heiligen Baume hat auch unser Maibaum seinen Ursprung. Wenn er nach winterlicher Kahlheit sein neues grünes Gewand anlegt, wenn neues Leben in seinem Stamme aufwärts steigt und sich grün und freudig entfaltet, so beginnt die hohe Zeit des Jahres und damit auch die hohe Zeit der volkhaften Gemeinschaft. Der wintergrüne Baum, der in der Julnacht mit Lichtern geschmückt wurde, findet sein Gegenbild in dem sommergrünen Baume des Maien; der Geist der Gemeinschaft, den er versinnbildlicht, feiert seine hohe Zeit. Nicht nur in frohen und ausgelassenen Feiern, auch in dem Willen zur Verteidigung der Heimat findet dieser Geist seinen Ausdruck. Neben Spiel und Tanz steht die große Jah-

resversammlung der Wehrfähigen, die einst die Franken auf ihrem Maifeld zusammenführte, die aber heute noch die Schützenbrüderschaften zum Königsschießen ruft, das einst ein sehr ernster Wettkampf zur Ermittlung der Waffentüchtigsten gewesen ist.
An der „Merklinde" wurde einst das heilige Jahreszeichen aufgehängt; wir kennen ein Städtchen in Westfalen, wo heut noch am Maitag eine brennende Laterne oben im Geäst der Linde aufgehängt und ein Krug mit Bier, dem alten Opfertrank der Germanen, durch die Zweige heruntergegossen wird.
Nicht immer hat man zum Maibaum einen gefällten Baum gewählt, der dann inmitten des Dorfes aufgestellt und mit vielerlei Sinnbildern, mit einem großen Rad und bunten Fahnen geschmückt wurde. Der lebendige Baum selbst ist sein Vorläufer, er wurde früher und wird manchenorts heute noch zur Feier des Frühlings geschmückt. Die alten Schwaben sollen Bäume gehabt haben, die sie mit geflochtenen Zweigen und allerlei Kostbarkeiten zum Feste herrichteten. In unsere Kaisersage, die recht eigentlich der mythische Ausdruck unseres Staatsbewußtseins ist, spielt dieser Gedanke in seiner ursprünglichsten Auffassung hinein. Wenn der Kaiser Friedrich, oder wer sonst damit gemeint ist, aus seinem Totenberge zurückgekehrt ist, so hängt er seinen Schild an den dürren Baum, und dieser beginnt wieder zu grünen und zu blühen. So blüht das Volk und das auf diesem beruhende Reich wieder auf, wenn seine Zeit gekommen ist und ihm der Herrscher geschenkt wird, der dazu berufen ist. Aber die Sage meldet auch, daß bis dahin noch hart gerungen werden

muß, und daß die Mächte des Lichtes und die der Finsternis sich zur blutigen Schlacht am Birkenbaume treffen, der auch nichts anderes ist als der Baum der großen Jahres- und Weltenwende.
Die Sitte des Maibaumes ist erhalten geblieben. Sorgen wir dafür, daß kein leeres Schaugepränge daraus wird, das einen Tag vorhält und dann wieder vergessen wird! Erinnern wir uns der alten heiligen Wurzeln dieses Baumes, der von dorther wächst, wo aus dem Brunnen der Urd die ewigen Wasser unseres Volkstums sprudeln.

Von der germanischen Landnahme

Es ist ein alter germanischer Gedanke: Der Boden ist dem Deutschen mehr als ein toter Besitz, er ist der Träger des Lebens und damit ein hohes Pfand, das dem Bebauer von Gott selbst zur Nutzung und Betreuung anvertraut ist. Aus diesem Grundgedanken erklären sich alle Weistümer und Bräuche, die seit der Urzeit mit der Besitznahme neuen Bodens und der Wiedergewinnung des alten verbunden waren. Es sind Weihehandlungen, die sinnbildlich einen Bund schließen mit der höchsten göttlichen Macht, die sich in den Kräften von Erde und Sonne offenbart; diese aber leben in dem heiligen Feuer, das auf dem Herde brennt und den Mittelpunkt bildet alles Landes, das ringsum unter einem Besitzer vereinigt ist. So ist denn auch das Vätererbe des Hofes, das Odal, ein Abbild des gesamten Volkslandes und weiterhin ein Abbild von Mittgart, der bewohnten und geordneten Welt überhaupt. Wie die Braut beim Antritt der Herrschaft über ihren Hof dreimal das Haus umwandelt, so umschritten bei der Landnahme im alten Island die norwegischen Landnehmer mit einem Feuerbrande das neugewonnene Land; oder sie zündeten an den Eckpunkten des Landes selbst große Feuer an, und es wird ausdrücklich vermerkt, daß sie mit diesem Feuer das ganze Gebiet geheiligt hätten. War das Landgebiet weniger groß, so wurde auch ein brennender Pfeil darüber weggeschossen. König Harald der Haarschöne bestimmte, daß niemand von seinen Männern mehr Land nehmen solle, als er an einem Tage mit Feuer umschreiten könne.

All dieser Feuerbrauch aber war auf das große Weltfeuer, die Sonne bezogen, die durch ihr Erscheinen über dem gewonnenen Lande das Land heiligte. Darum hieß es in den Gesetzen, man solle das Feuer anzünden, wenn die Sonne im Osten steht, und diese Feuer sollten bis in die Nacht brennen. Als sichtbares Wahrzeichen der Vermählung der Sonnenkraft mit der Erdkraft aber wurde ein Wahrzeichen aufgerichtet, das meistens der aufgehenden Sonne gegenüber stand: in Island war es einmal eine Axt, das altheilige Zeichen des Himmel- und Erdgottes Thor; nach ihr wurde die Landestelle der Axt-Fjord benannt. Überall aber galt der Brauch, eine hohe Stange aufzustellen, deren Spitze dann von der aufgehenden Sonne berührt wurde; nicht selten war es die Stange des Banners selbst, unter dem der siegreiche Kampf um das Land geführt worden war. Sie krönte dann den Hügel, unter dem die Gefallenen beigesetzt waren; und es waltete dabei der Gedanke, daß ihre Kraft, vermählt mit der Erdkraft und der Sonnenkraft, ein Element des heiligen Bodens selbst geworden sei und sich fortwirkend den kommenden Geschlechtern mitteile, die den Boden bebauen.

Denn sehr oft war es so, und in der Urzeit wird es überhaupt so gewesen sein, daß die Landnahme von dem Grabhügel der Gefallenen oder des Führers ausging und daß hier für immer der Mittelpunkt der Sippen- und Stammesverbände lag. So erklärt sich auch der Brauch, den wir bei den Sachsen bezeugt finden, daß man Erde aus dem heimatlichen Boden mitnahm und sie auf dem neugewonnenen Lande ausstreute: die Erdkraft selbst ist es, die damit dem neuen Lande mitgeteilt wird, und die neuen Siedler sitzen auf dem Boden der alten Heimat. Manche später unverstandene Sage hat diesen Zug bewahrt und zu einer List gemacht, was ursprünglich heiliger und sinnvoller Brauch gewesen ist. Darum nahmen die norwegischen Sippen, die nach Island hinüberfuhren, die heilige Erde aus den Weihestätten ihre Heimat mit, um sie an den neu errichteten Heiligtümern

auszustreuen. Vielleicht haben auch die Schwaben, die aus dem Spree- und Havellande in den Neckar- und Donaugau zogen, heilige Erde aus dem uralten Haine der Semnonen mitgebracht zum Hohenstaufen, nach Tübingen, zum Hohentwiel oder wo sonst noch Heiligtümer des Stammes begründet wurden. Der große Gedanke von der Einheit der deutschen Erde wird uns in solchen Bräuchen sichtbar: wo immer die vom Blute und den Gräbern der Ahnen geweihte Erde ist, da sollen sich Deutsche dessen bewußt sein.
Bis in die Bauernweistümer der neueren Zeit hinein ist immer wieder der Gedanke ausgedrückt, daß jeglicher Landbesitz „von Gott und dem herrlichen Element der Sonne empfangen" wird. Bis in die ferne Urzeit, die Zeugnisse ihres Lebens und Denkens auf den Felsbildern des Nordens niedergelegt hat, wird dieser Gedanke sichtbar; wir finden dort den Umzug des Pflugs um das Land, wie auch die Aufrichtung der Stange, die uns eine spätere Zeit ausdrückliche bezeugt. So dürfen wir vielleicht annehmen, daß die Errichtung des Maibaumes, die alljährlich stattfindet, und auch das Umziehen des Pfluges zur Frühlingszeit uralte Bräuche sind, die der gleichen Gedankenwelt entstammen: es ist die alljährliche Bekräftigung des Bundes, den die Ahnen einst „mit Gott und dem herrlichen Element der Sonne" geschlossen haben. Und wir dürfen ein Denkmal, das uns der erste geschichtliche erkennbare, wenn auch tragisch gescheiterte Landnahmezug germanischer Stämme in Deutschland hinterlassen hat, aus dieser Gedankenwelt deuten. Es ist der hohe und spitze Stein zu Miltenberg am Main, auf dem eine lateini-

sche Inschrift an die Stelle germanischer Runen getreten ist; sie erzählt, daß dieser Stein zwischen den Gebieten der Kimbern, Teutonen, Haruden und Ambronen errichtet ist. Teile dieser nordischen Völker sind während der großen Wanderung im Maigau seßhaft geworden und haben diesen hohen Stein als Wahrzeichen der Landnahme und des Dingfriedens aufgerichtet.

Sonnenwende – Sonnenschicksal

Das ist das Geheimnis von Blut und Herkunft: vieltausendjähriges Erleben strömt darin fort, weckt neues Erleben und schärft den inneren Sinn für all die tausend Quellen, aus denen heute noch Leben und Sinnen der Ahnen zu uns sprechen. Darum standen wir einst als junge Wanderer um das Sonnenwendfeuer, darum entzünden noch heute volks-

bewußte Deutsche die Höhenfeuer, die uns Sinnbilder sind für die Erhöhung des Lebens, die uns das Schicksal als Aufgabe gestellt hat.
Dies Urerinnern ist das Geheimnis des Zaubers jener hellen Nächte, in denen das verglimmende Abendrot und der Schein des Frührots ineinanderfließen; wenn der Ort des Aufgangs so nahe an den des Untergangs heranrückt, daß die sommerliche Sonnenbahn wie ein hohes, festliches Tor erscheint, das die hocherhobenen Arme des Sonnenhelden über der sommerlichen Erde wölben. Unter den Bildern, die diesem Urerlebnis entstammen, begreifen wir noch heute den ursprünglichen und ewigen Sinn: die Vermählung der schöpferischen Sonnenkraft mit den mütterlichen Kräften der Erde, und, schicksalhaft zwischen beide gestellt, die Weihe der menschlichen Gemeinschaft, die durch Blut, Geist und Schicksal unlöslich miteinander verknüpft ist. Es lebt noch im Kinderliede:

Macht auf das Tor, macht auf das Tor,
Es kommt ein goldener Wagen...

in dem der alte Sonnenheld selbst gefeiert wird. Seine Sinnbilder, die man in ferner Urzeit in Stein, Bernstein und Runenschriften ritzte, künden von seiner Siegesfahrt zur sommerlichen Höhe. In Schleswig richtet man die Mittsommerstange auf, in der die alte Mann-Rune erhalten ist, denn sie ist das Zeichen des Sonnenhelden, der seine Arme hoch am sommerlichen Himmel emporhebt. Kaum ein Fest in unserem sommerlichen Jahreslauf aber ist an Ehrwürdigkeit und tiefem völkischen Sinn jenem gleich, das in der Hochsommerzeit zu Questenberg am Harz gefeiert wird. Auf einem Felsen oberhalb des Dorfes steht ein Eichenstamm, an dessen Querstange ein riesiger Radkranz hängt, der alljährlich zur Feier der Sonnenwende erneuert wird. In früher Morgenstunde, wenn die ersten Strahlen der Sonne erscheinen, ist die Dorfgemeinschaft auf der Höhe versammelt und begrüßt das aufgehende Tagesgestirn mit Hornrufen. Dann wird der alte Kranz abgenommen und mit frischem, neuem Laub umwunden; in den Ring des Rades aber setzen sich die Führer der Dorfgemeinschaft, verzehren Brot und Fleisch und lassen den Trunk umgehen zum Zeichen der Gemeinschaft, die alle umschließt. Zur hohen Mittagszeit wird der Kranz emporgewunden, die Laubbüschel zu beiden Seiten erneuert, und mit dem Rufe „Die Queste hängt" wird der Beginn der neuen Jahreshälfte verkündet.

Wer je an diesem Feste teilnahm, der fühlt sich zuinnerst mit jenen Geschlechtern verbunden, denen einst der Brauch Erlebnis war – Welterlebnis, das sich im Gemeinschaftserlebnis verdichtete. Der Kranz ist nichts anderes als das klar erkennbare Sinnbild des Weltkreises, der alle umschließt und zu einer Schicksalsgemeinschaft verbindet, der keiner entrinnen kann, und in der doch alle geborgen sind. Darum flechten anderswo die Mädchen Kränze aus neunerlei Kräutern, um sie auf die Bäume oder in die Sonnwendfeuer zu werfen – heimlich hoffend, daß auch für sie das Lebensschicksal sich in diesem Sinnbild zu ihrer natürlichen Bestimmung runden möge. Ein solcher Kranz schmückte einst auch die riesige Thinglinde zu Nordhausen am Harz, die „Merichs-

linde", zu der am Sommerfeste die Schuhmachergilde mit Ratsherren und Bürgermeistern wallte, um die Sonnwendnacht in Laubhütten zu verbringen. So werden noch heute Kränze und „Kronen" am Vorabend der heiligen Sonnwendnacht über den Türen der strohgedeckten Häuser des Niedersachsenlandes befestigt. Einstmals wurde dabei der zinnerne Becher von den Mädchen herumgereicht und die „Minne", das heißt das Gedächtnis der Toten und Lebendigen getrunken, die der Sippe oder der Volksgemeinschaft angehören.
Ein Fest des Lichtes und des Feuers ist es bis heute geblieben. Der Flammenstoß ist sein Wahrzeichen; aber auch Strohbündel und Teertonnen auf langen Stangen werden abgebrannt und brennende Pechkränze in das Wasser geworfen, denn das flüssige Element empfängt in diesen heiligen Nächten die Weihe der Sonne, deren Schicksal es ist, von jetzt an wieder den Weg in das Dunkel zu gehen. Das Wissen um die Unentrinnbarkeit dieses Schicksals ist es, das dem Germanen und seinen Mythen das tragische Grundgefühl gab, zugleich aber auch das Wissen von der inneren Einheit alles menschlichen Schicksals mit dem großen Sonnenschicksal im Weltgesetz. Aus diesem Wissen wurde der Mythos vom lichten Balder geboren, der aus der Blüte seines sonnenhaften Lebens hinabfahren muß zur dunklen Hel – getroffen von dem Speere des unentrinnbaren Geschickes, dem alles Lebende erliegt.
Dies Schicksal aber ist dem Germanen kein dumpfer, starrer Zwang, der aus einer fremden Welt in die seinige eingreift: im letzten tiefsten Grunde sind wir

alle damit verbunden, weil die Weltgesetzlichkeit auch unser eigenstes Gesetz ist,

> denn das selbständige Gewissen
> ist Sonne deinem Sittentag.

Und so ist es eine sinnvolle Übereinstimmung mit dem uralten Mythos, wenn die größte Tragödie des Germanentums, der Untergang der Nibelungen, sich gerade an einer Sommersonnenwende abspielt:

> „Zu einer Sonnenwende der große Mord geschah",

und wenn der Wissende dieses Schicksals, der grimme und doch so freudig-tapfere Hagen, den Endkampf mit dem Rufe beginnt:

> Nun trinken wir die Minne und opfern des Königs Wein!

Das deutsche Volk in seiner Ganzheit hat immer wieder dieses Schicksal zu durchlaufen gehabt. Und ein jeder, der sein Bestes gibt, hat einmal oder öfter jene Tiefe zu durchschreiten, die Sonnenschicksal ist; die Tiefe, in der man verzweifeln möchte, wenn alles scheitert und wenn das beste Wollen verkannt wird. Und er wird doch den Funken in sich wach erhalten, denn der Germane kennt das ewige Gesetz des Sterbens und Werdens, von dem seine Mythen und Sinnbilder künden. Er beugt sich nicht wie ein Sklave unter ein dumpfes Gesetz, das ihm unverständlich ist; er wird wie ein Freier sein Licht durch die Tiefe tragen. Denn alles Lichte wird ebenso unabänderlich wieder seinen Weg zur Höhe nehmen, wie die Sonne, deren Abbild es ist. Diese Gewißheit gibt uns Mythos und Brauch der Sommersonnenwende:

Und solange du das nicht hast,
Dieses Stirb und Werde,
Bist du nur ein trüber Gast
Auf der dunklen Erde.

Sonnenheld und Heldensage

Jenseits alles geschichtlichen Geschehens liegt der mythische Urgrund unseres völkischen Lebens – und doch wirkt er immerfort bestimmend in unser geschichtliches Handeln hinein. Heute noch und Tag für Tag. Wir alle aber haben im Laufe unseres Lebens eine Entwicklungsstufe durchlaufen, auf der uns das mythische Erbe unserer Ahnen unmittelbares Erlebnis war; wirklicher und stärker fast, als das, was uns die Forderung des Alltags bedeutete. Das war in jener Zeit, in der uns Siegfried, der lichte und tapfere, als das ewige Vorbild unseres Wesens aufging; als wir seine Kraft, seine Taten und sein Schicksal in uns erlebten, als wir mit ihm den Drachen schlugen und mit Grimm und heißer Trauer im Herzen von seinem jähen Ende lasen. Oder wenn uns später das übermenschliche Bild des grimmen Hagen und der Untergang der todesmutigen Burgunden erschütterte und erhob; wenn wir Treue und Untreue der Gesellen Dietrichs von Bern und seine Taten und Leiden zum Maßstab unserer eigenen Freundschaften und Abenteuer machten.

Warum sind uns diese Gestalten, Jahrhunderte nach ihrem Tode, noch immer so vertraut? Was läßt beim Drachenschlage Siegfrieds noch immer unsere Herzen schlagen, uns, die wir in einer Naturwissenschaft beschlagen sind, die alle Sagentiere unerbittlicher getötet hat, als es je ein Held getan? Die Antwort darauf gibt uns eine andere Wissenschaft, die sich mit unserer eigenen, innersten Natur beschäftigt: die Deutschkunde und die Germanenkunde. Sie lehrt uns – denn sie ist nur ein Teil der Wissenschaft vom Leben selbst – warum wir so sind, wie wir sind; warum wir so fühlen, wie wir fühlen, und warum dies Sein und Fühlen sich seit den Tagen der Urväter im Wesentlichen und Wesenhaften nicht geändert hat, und sich auch nicht ändern kann, wenn wir bleiben, was wir sind.

Heldensagen und Heldenlieder reichen in den schöpferischen Urgrund unseres Volkes zurück, aus dem wir alle stammen, und aus dem wir immer wieder unsere Kräfte saugen, ob wir es wissen oder nicht. Sie sind gemeinsamer Urbesitz, denn sie gehen auf ein gemeinsames Urerlebnis zurück, das so gewaltig gewesen ist, daß seine Bilder noch heute lebendig sind und neues Erleben in uns auslösen. Alle Helden aber, die uns als Jungen verehrungswürdig waren und es heute noch sind, tragen die Züge jenes Urzeithelden, in dem das Gleichnis des Göttlichen aus dem Erleben des Weltgeschehens sinnbildliche Gestalt gewonnen hat.

Hier liegen die ewigen Wurzeln unseres germanischen Gotterlebens, sie sind fest verwachsen mit unserem ältesten und immer neuen Welterleben; und alles, was durch die Jahrhunderte auch des letzten Zeitalters unserem Erleben Gewalt und Gestalt, Erschütterung und Innigkeit gegeben hat, das ist aus diesen ewigen Wurzeln gespeist, die fest in unserem alten, heiligen Grunde ruhen. Wo immer das Bild des kampferprobten Helden in einem geschichtlichen Vorkämpfer des Volkstums Gestalt gewann, da steigt in ihm das Bild des alten nordischen Sonnenhelden aus dem mythischen Urgrunde empor: er gibt ihm seine Züge, in denen die Merkmale der göttlichen Abkunft deutlich werden, weil jeder neue Held, der im Wechsel der Geschlechter und der Jahrhunderte zur Führung des Volkes berufen wurde, dem ahnenden Bewußtsein des Volkes als neue Verkörperung seines ewigen Urbildes erscheint. Diese Züge muß schon jener Held getragen haben, der zum ersten Male in geschichtlich greifbarer Zeit den siegreichen Kampf mit der römischen Widermacht geführt hat: Armin, wie ihn die Römer nannten, den wir heute in unserem lichten Helden Siegfried wiedererkennen können. Altes Sagengut ist mit seinem Namen verknüpft: wie jener Sonnenheld der Urzeit wächst er in der dunklen Höhle des Winters heran, um aus eigener, göttlicher Kraft seine Macht zu überwinden und dem neuen Leben den Weg zu bereiten. Darum schmiedet er in der dunklen Höhle bei den Zwergen selbst das Schwert, mit dem er den entscheidenden Kampf gegen den Lindwurm besteht. Wir wissen heute, daß das Schwert aus Eisen in früheren Zeiten einmal aus Bronze gefertigt wurde, und daß es in noch älterer Zeit die steinerne Axt war, die der Sonnenheld schwang, und mit der er den Deckstein des Hünengrabes sprengte, so wie Donar mit seinem Hammer die steinernen Riesen des Winters zerschmettert. Ein Hünengrab bei Bremen hat uns ein fünftausendjähriges Bild dieses hammerschwingenden Sonnenhelden überliefert.

Als sich nach dem Einbruch einer fremden Welt vor tausend Jahren deutsches Gotterleben in die Werkstätten der Holzschnitzer und Steinmetzen rettete, da hat die deutsche Heldensage den alten Heldengeist treu bewahrt und ihn immer wieder in den großen Führern der eigenen Zeit wiedererkannt. Neben den ersten Befreier von Roms Übermacht traten die Gestalten der großen Wanderzeit: allen voran der Gotenheld Dietrich von Bern. Auch ihn schmückte die Sage mit Taten und Leiden des Sonnenhelden, er kämpft mit dem Drachen, auch er findet in der dunklen Drachenhöhle das Schwert, das dem Lichte den Weg öffnet, und auch ihm sind die sonnenhaften Augen gegeben, die den göttlichen Funken erkennen lassen, und die im Zorne wie funkelnde Blitze lodern. Die Sage weiß von ihm zu berichten, daß er am Ende seines irdischen Lebens auf schwarzem Rosse

in das steinerne Haus der Ahnen einging, um einst beim großen Endkampf um den Sieg des Lebens wieder daraus zurückzukehren. Und wo immer ein König oder ein Kaiser das Sehnen seines Volkes nach Freiheit und Gerechtigkeit zu erfüllen wußte, da nahm er die Züge seines urewigen Vorbildes an, und das Volk harrte der Wiederkehr dessen, der ihm Urbild seines eigenen Weltgesetzes war, weil er sein eigenes Lebensgesetz erfüllte.
In den ältesten Schriften der Indogermanen ist er der „Gott in den Wassern", der nach dem Welterlebnis der alten Nordvölker alljährlich aus den Fluten des Meeres zu neuem Leben und zu neuen Taten wieder emporsteigt. Ihn zeigt noch ein germanischer Grabstein, den seine Gefährten einem toten Helden am Rhein einst gesetzt haben. Manche alte Sage berichtet uns, daß der sterbende Held mit dem Auge die Sonne suchte, durchdrungen von dem Wissen, das ein alter deutscher Dichter in die Worte faßte:

Wär' nicht das Auge sonnenhaft,
Die Sonne könnt es nie erblicken,
Und wär' in uns nicht Gottes eigne Kraft,
Wie könnt' uns Göttliches entzücken?

Das heilige Brot

Als Kinder kannten wir alle die Sage von der stolzen Frau Hitt, die das Brot mißachtete und mißhandelte, und die dafür in einen riesigen Stein verwandelt wurde. Wie in den meisten deutschen Sagen, so lebt auch in dieser ein Mythos aus der grauen Vorzeit weiter; aus jener Zeit, da in Mittgart, in der gottgeschützten Menschenwelt, das Brot als Träger des Lebens und des Heiles heilig war. Wer sich an ihm

verging, der mußte nach Utgart, in die wüste Welt der Steinriesen, zurückkehren, in der es kein Brot und kein Leben und keinen heiligen Sippenfrieden gab.
Eine Zeit, die Lebenswerte nach Börsenpreisen abschätzt, hat diesen uralten Mythos schier vergessen; nur die treuesten Wahrer unbewußten Gutes, die Bauern und die Kinder, wissen noch von ihm. Und er ragt doch für sehende Augen zurück bis in jene uralte Zeit, da Mann und Frau zuerst mit der steinernen Hacke im kargen Boden der Brotfrucht ihre Stätte bereiteten, die Wiege und Grab zugleich war für das Korn, in dem das Leben wohnte. Von Rodung zu Rodung wurde es weitergetragen, es trat seinen Siegeszug über die Marken an, und überall, wo es Wurzel faßte, da brachte der heilbringende Gott Seßhaftigkeit und Sippenfrieden mit sich in das Land. So wurden Korn und Brot zum Sinnbild für den lebenspendenden Weltgeist selbst. Unter seinem Bilde wurde das ewige Weltgesetz begriffen, das auch für den Menschen gilt, unabwendbar und tröstlich zugleich: „Stirb und Werde." Der Mythos des Weltgeschehens war auch der Mythos des Brotes, das jenes Geschehen im Reifen und Vergehen wiederholt. Der Geist im Korn trägt das heilige Leben durch die Eiszeit des Winters und läßt es im Frühling wiedererstehen. Er trägt das Leben der Menschen, das so eng an ihn gebunden ist, daß ohne ihn kein Leben mehr denkbar ist.
„Heilig", das ist dem Germanen das Wort für alles, was leben trägt und Leben fördert. Heilig ist ihm das Brot, wenn er es als Korn in den Acker streut; heilig ist es, wenn er es niedermäht, wenn er es zermalmt

und endlich verzehrt. So erscheint der Himmelsgott und seine erdhafte Gefährtin selbst im Bilde des heiligen Brotes. Die hohe Zeit des Jahres ist es, wenn der hohe Himmel mit seiner Sonnenkraft die mütterliche Erde liebend umfaßt, den Träger des Lebens zu erzeugen:

> Die Erde bitt' ich und den Oberhimmel:
> Erke, Erke, Erke, der Erde Mutter!...
> Sei du grünend in Gottes Umarmung,
> Mit Nahrung erfüllt, den Menschen zum Heil!

So grüßten die germanischen Ahnen die „heilige Hochzeit“, die zugleich auch die Zeit der menschlichen Hochzeit war. In der Zeit der Reife schritt der Flurumzug die „Schnad“ ab, alles Land dem heiligen Gottesfrieden befehlend; und noch im Mittelalter stand der pflügende Bauer unter ganz besonderem Rechtsschutz. Und endlich kommt die Zeit des Todes, der hier im wahrsten Sinne ein Opfertod ist; wenn der Schnitter die wogenden Halme niedermäht, die durch ihren Tod dem Leben dienen müssen. Hier ist der alte Mythos vom Opfertod des Gottes begründet: darum ist der Gott der Ernte, des Kornes und des Brotes zugleich auch der Gott der hingemähten Krieger, der uralte Wodan, der dem Leben den Weg öffnet, wenn er Leben vernichtet. Zum Zeichen seines Weiterlebens aber lassen die Bauern noch heute die letzte Garbe auf dem Feld stehen; sie ist für Wodes Roß bestimmt, oder sie heißt selbst der Wode, denn in ihr lebt sinnbildlich das göttliche Leben weiter. In demselben Gedanken gab man den Toten etwas Korn mit in das Grab; der Raum des Hau-

ses aber, in dem das Korn aufbewahrt wurde, war ein heiliger Raum, und in der germanischen Halle war dort das Heiligtum, in dem das göttliche Leben selbst wohnte.
Uralte Mythen artverwandter Völker erzählen uns von dem Leiden und dem Opfertode des göttlichen Heilbringers; aber auch unser Märchen von dem Königssohn, der sich vor nichts fürchtet, weiß davon, daß durch das standhafte Erleiden aller Unbilden die Königstochter, das ist das neue Leben, befreit werden muß. Die Griechen erzählen von Dionysos, dem Sohne des Zeus, daß er von den Titanen zerrissen und verzehrt wurde; aber aus den Teilen der zerschmetterten Titanen erwuchs das Geschlecht der Menschen, die alle den göttlichen Funken des Dionysos in sich tragen. Ganz ähnlich haben die Germanen den Mythos des Brotes gestaltet; Wodan, der heute noch bei Bauern lebt, bringt sich selbst zum Opfer, wie er auch das Leben der Menschen nimmt, wenn das Leben selbst es erfordert. Aber er lebt wieder auf in seinen Wandlungsformen: im heiligen Brote, wie auch in dem heiligen Rauschtrank, als dessen Erfinder er geehrt wird, und in dem er des Menschen Geist beflügelt und erhöht.
Unter mancherlei Sinnbildern lebt der alte Korngeist noch heute in unserem Volksglauben; sei es die Roggenmuhme, die die Kinder aus dem Korne verscheucht, um die heilige Brotfrucht zu schützen; sei es der „Roggenhahn" oder die „Roggenfrau", die als Abbilder des Lebensgeistes gelten und auch der letzten Garbe hier und da ihren Namen geben. Der Erntehahn, der in vielen deutschen Gauen das letzte Fuder ziert und als hölzernes Bild über der Scheu-

nentür angebracht wird, ist ein Sinnbild uralten mythischen Denkens.

Darum ist das Brot und alles Gebäck heilig; schon in der Urzeit wird dem Brote die Gestalt der Sinnbilder des heiligen Weltreiches gegeben: die Gestalt des Jahrgottes oder seiner Opfertiere. An allen heiligen Jahreswenden wurde solches Gebäck der lebenspendenden Gottheit zu Ehren gegessen. Im Essen des Brotes vollzog sich sinnbildlich die Vereinigung von Gott und Mensch; darum nahmen auch die Toten von Sippe und Volk daran teil, denen man noch heute zum Totenfest das „Allerseelenbrot" spendet, denn auch sie stehen noch unter dem großen Gesetze des Alls.

Darum ist Bauerntum Adel und höchste Verpflichtung: der Bauer ist der Wahrer und Heger des heiligen Brotes, in dem das Göttliche lebt. Die Ehrfurcht vor dem heiligen Brote ist Ehrfurcht vor den Gesetzen des Lebens, von dessen Unvergänglichkeit es zeugt.

Der Geist im Korn

Das reife Korn ist der Sichel verfallen, so wie der Mensch am Ende seines Lebenskreises der Sichel des großen Schnitters verfallen ist, um wieder von neuem die Kreise des Daseins zu vollenden. Mancherlei Gestalten hat jener Lebensgeist angenommen, unter dessen Bild sich unsere Ahnen Leben und Wachstum vorstellten, das ihnen im heiligen Korn und im heiligen Brot gegeben war. Jetzt, wo er sich seinem Ende zuneigt, nennt man den Geist des Getreides den „Alten" schlechthin, auch den „alten Mann", den „Schewekerl" oder den Erntemann. Wenn sich das Getreide vor dem Schnitt unter dem Drucke des Windes niedergelegt hat, so hat der „Alte" darauf gesessen, wie man sagt. Er läßt auch das Korn wogen, und wenn die Sichel durch das Korn rauscht, so zieht er sich aus den gefallenen Schwaden immer weiter in das ungemähte Getreide zurück, bis er in den allerletzten Garben eingekreist und gefangen wird. „Olemanno!" ertönt es dann, und wer die letzte Garbe mäht und bindet, der hat den „Alten" gefangen und muß ihn eigenhändig vom Felde in die Scheuer tragen:

Du hast den Alten
Und mußt ihn behalten!

In manchen Gegenden ist dieser Alte kein anderer als der Wode selbst, der Herr über die Scharen der hingemähten Krieger, der unter seinem alten Namen bis heute lebendig geblieben ist. Kniet man doch noch hier und da vor dem Alten in der letzten Garbe nieder und küßt ihn sogar. Das war ein Brauch, der noch im 13. Jahrhundert den Bewohnern des preußischen Ermlandes durch einen päpstlichen Legaten verboten wurde, ohne daß er damit viel gegen den Sinn der frommen Heiden auszurichten vermochte. So bildet man aus der letzten Garbe auch wohl einen Mann, der mit Hose, Rock, Weste und einem alten

Hute bekleidet ist und die Verehrung des guten Geistes genießt. Denn wenn man auch in Norwegen behauptet, dieser „Schnitterkerl" hause unsichtbar im Acker und nähre sich das ganze Jahr vom Getreide des Bauern, so ist das nur sein gutes Recht, denn er ist es ja eigentlich, der dem Getreide die Fruchtbarkeit und die Lebenskraft gibt. Man setzt seine Gestalt auf dem Hofe nieder, die Schnitter bilden um ihn den Ring und tanzen dreimal den Reigen um ihn herum. Dann wird das Festmahl gehalten, das in Bayern der „Niederfall" heißt, und der Gerstenmann, der Hafermann oder Roggenmann wird aufgefordert, das Seine vom Mahle zu nehmen – also eine Opfermahlzeit im eigentlichsten Sinne. Nach dem Mahle nimmt die Binderin der letzten Garbe den Roggenmann in die Arme und tanzt auf der Dreschdiele dreimal mit ihm herum, und nachher tun die anderen Garbenbinderinnen dasselbe. Zuletzt stellt man ihn in eine Ecke der Tenne und läßt ihn beim Feste zuschauen, bis er dort seinen Ehrenplatz bis zur nächsten Ernte bezieht. Seine Kraft geht auf den über, der ihn zuletzt berührt hat; dieser Drescher heißt jetzt selbst der „Alte", wird mit Stroh umhüllt und muß einen Strohmann auf dem Rücken zum Nachbarn tragen.

Vielleicht in eine noch ältere Vorstellungswelt geht es zurück, wenn der Geist im Korn als ein Tier aufgefaßt wird, als ein Schwein, ein Bock oder als Hund. Wenn der Wind durch das Roggenfeld weht, so sagt man wohl: es sind wilde Schweine im Korn, oder man sieht den Roggenwolf oder den Roggenhund. Diese Geister sind gleichzeitig gut und böse; sie lassen das Getreide wachsen, wissen es aber auch zu schädigen. Wenn das Getreide gemäht wird, so muß sich der Korngeist aus jedem gemähten Stück in das ungemähte zurückziehen, und der Schnitter muß sich wohl in acht nehmen, daß er dort nicht „vom Erntebock gestoßen" wird, oder daß ihn der „Roggenwolf nicht unterkriegt". So sagt man, wenn ein Schnitter während der Erntezeit plötzlich erkrankt. Heute ist das verbreitetste Sinnbild des reifen und des geschnittenen Getreides der Kornhahn, der ehemals in Gestalt eines lebendigen Hahnes mit der letzten Garbe getötet wurde. Er lebt als „Arnehahn" und als Stoppelhahn in vielen anderen Gegenden Deutschlands fort. In Brandenburg nennt man das Erntefest vielfach selbst den „letzten Hahn". Ein aus Holz geschnitzter bunter Hahn wird oben auf den Erntekranz gesetzt, der wiederum auf eine Stange gestellt ist. Das Ganze wird als Zier auf dem letzten Fuder heimgefahren und oft auch über das Scheunentor genagelt. Der Kranz ist das alte Sinnbild des Jahresrades, das als Sinnbild des ewigen „Stirb und Werde!" das ganze Leben umschließt. Man stellt diesen Kranz auf der Stange auch in das emporwachsende Getreidefeld; vielfach auch als Schutz gegen einen bösen Korngeist, den Bilwisreiter oder Bilmesschnitter. Er soll in das reife Getreidefeld lange, schmale Bahnen mähen. Man denkt ihn als einen langen, knochenhageren Mann, der einen langschößigen Rock und einen dreikantigen Hut trägt und die Hände immer in den Hosentaschen hat. Er reitet meist auf einem schwarzen Ziegenbock durch das Feld; am Rande des Kornfeldes zieht er dann seinen rechten Schuh aus und bindet an die große Zehe eine kleine, sehr scharfe Sichel, mit der er

die langen schmalen Gassen durch das Getreide mäht.
Man erkennt in diesem Bilwisreiter leicht die Gestalt wieder, die als der „Gevatter Tod“ in unsere Bildkunst eingegangen ist: er ist der Schnitter, der das Getreide wie die Menschen niedermäht, und an allen Einzelheiten ist er noch in seiner ursprünglichen Bedeutung zu erkennen. Die Sichel wurde auch bei ihm durch die Sense ersetzt; das Malkreuz, das er in das Feld schneidet und das er selbst als Zeichen trägt, wurde zur Sanduhr; und selbst die Hände „in den Taschen“ kann man wiedererkennen. Denn als eine Weiterbildung des Jahreskranzes steht seine Gestalt mit kreisförmig eingebogenen Armen auf dem Stoppelfeld; dieselbe Gestalt finden wir, in Bronze gegossen, als Grabbeigabe in den Graburnen unserer germanischen Ahnen. Kein Schreckbild war dieser „Freund Hein“ unseren Ahnen, die um das Gesetz des Sterbens und Werdens wußten, sondern der friedbringende Geleiter auf dem Wege allen Lebens, das sich wiederholend ewig fließt. Und diesen tieferen Sinn erkannten sie überall: beim Mähen der Halme und der Bergung der heiligen Brotfrucht, wie auch im Toben der Schlachten, die ja bei ihnen ihren tieferen Sinn darin fanden, daß sie der Erhaltung und Ausdehnung des Odals, ihres Ackergrundes und Lebensraumes dienten.

Führung und Gefolgschaft

Solange wir von kriegerischen Bünden kampfbereiter Männer wissen, solange steht alles Kriegertum unter dem Zeichen des engsten Zusammenschlusses eines erkorenen Führers mit den Männern, die ihm zu jeder ehrenhaften Tat, in den Kampf und in den Tod zu folgen bereit sind. So steht am Anfange der geschriebenen deutschen Geschichte jene Schilde-

rung der germanischen Gefolgschaft, die der Römer Tacitus vielleicht einem germanischen Gewährsmann nacherzählt hat:
„Führer wirken mehr durch ihr Beispiel als durch ihre Amtsgewalt; wenn sie schnell bereit, wenn sie weithin sichtbar sind, wenn sie allervorderst kämpfen, so erregen sie Bewunderung. Unter den Gefolgsleuten herrscht großer Wettstreit: jeder will der vordere bei seinem Fürsten sein, der Führer aber ist darauf bedacht, viele und schnelle Gefolgsleute zu haben. Das ist Ehre, das ist Macht: immer umgeben sein von einer großen Schar auserlesener Jungmannen; im Frieden ist es eine Zier, im Kampfe ein fester Zaun."
Diese Schilderung enthält alle Elemente, die in unserer germanischen Dichtung und in der späteren deutschen Heldendichtung das Grundgefüge aller Ehre und Treue bilden und damit jeglicher Kampfgemeinschaft: Treue und Tapferkeit zwischen Führer und Gefolge, und nicht minder zwischen Gefolge und Führer, denn Treue ist nur dann Treue, wenn sie immer und zu jeder Zeit gegenseitig ist. So tief war dieses Bild in der Vorstellung und im Empfinden aller germanischen Völker verwurzelt, daß eine ganze Reihe von Worten bis heute davon zeugen: Führer, Fürst, Herr, Herzog und die heute nicht mehr lebenden Bezeichnungen „Truchtin" und „Thiodan"; für das Gefolge aber „Gesinde", das heißt „Weggenossen", „Gesellen", das heißt „Saalgenossen", und „Jünger", ein Wort, das seine ursprüngliche Bedeutung an einen ganz anderen Vorstellungskreis verloren hat. Es sind nämlich ursprünglich die Jungmannen des kriegerischen Gefolges; die christlichen

Dichter der deutschen Frühzeit aber wußten kein anderes Wort zu finden, um die Gefolgschaft des Christus zu bezeichnen, und so ist Wort und Begriff in eine ganz andersgeartete Welt übergegangen.
Nicht nur in der Sage, auch in der geschichtlichen Wirklichkeit tritt dieser inmitten seiner Gesellen reitende und an ihrer Spitze fechtende Gefolgsherr auf, und zwar oft in den größten Augenblicken der deutschen Geschichte. König Otto der Große ritt als ein echter germanischer Gefolgsherr in die große Ungarnschlacht auf dem Lechfelde, wie es Widukind von Corvey schildert:
„Im fünften Heerhaufen, der der größte war, ritt der Fürst selbst, umwallt von erlesenen Degen aus allen Tausendschaften und von kampfesfroher Tugend, und bei ihm war das Siegesbanner, von dichten Heerhaufen umzäunt. Der Fürst griff den Schild, erhob den heiligen Speer und sprengte als erster wider den Feind, rühmlich, wie es einem Könige ansteht, der über streitbare Männer gebietet."
Dieser Heerhaufen, der den Führer selbst umgibt und der das Feld nicht lebend verläßt, wenn der Führer fiel, heißt geradezu der „Trost", weil er dem Fürsten ein Sinnbild alles Festen, alles Vertrauens und aller Sicherheit ist, wenn er selbst als erster gegen den Feind reitet. Es ist die Mannenforderung der deutschen Urzeit und der deutschen Gegenwart des Mittelalters, wenn Hagen, das Urbild des bis in den Tod getreuen Gefolgsmannes, im Nibelungenliede die Worte spricht:

„Ez zaeme," so sprach Hagene, „vil wol volkes tröst,
daz die herren vaechten ze aller vorderöst!"

Diese Treue haben auch unsere geschichtlichen Helden ihren Mannen immer gehalten. Wenn Liudolf, der Sohn des großen Otto, sich mit seinem Vater entzweite, weil er seinen jungen Gefolgsleuten unter allen Umständen die Treue halten wollte, so ist er gerade darum, verwoben mit dem Bilde des Herzogs Ernst von Schwaben, zum Helden der deutschen Volkssage geworden.

Die größte Volksdichtung, die neben dem Nibelungenliede, dem Liede von der Mannentreue, und dem Gudrunliede, dem Liede von der Frauentreue, das mehr als ein Jahrtausend den Deutschen Sinnbild und Beispiel der Gefolgschaftstreue war, ist die Dichtung von Dietrich von Bern und seinen Gesellen. Die Geschichten von ihm, dem großen Volkskönig, wurden überall erzählt, wo Germanen wohnten: von Fahrenden in Bayern und Österreich, von den Ostlandfahrern der Hanse und von westfälischen Kaufleuten in den Kaufmannsstuben in Norwegen; und das Thema ist in mancherlei Abwandlungen immer das, wie Dietrich seine Gesellen nach hartem Kampfe gewann, wie er ihnen und sie ihm die Treue hielten; wie er um ihretwillen das Reich verlor, und wie er fast alle im heldenhaften Endkampfe mit den Burgundenfürsten untergehen sieht. Die Volksdichtung hat die Gestalten der alten germanischen Gefolgschaft, von denen schon Tacitus berichtet, in lebensgetreuen Persönlichkeiten geschildert: den im Kampfe ergrauten Vertrauten des Fürsten in dem alten Hildebrand, den jungen, hitzigen Degen in dem schnellen und hitzigen Wolfhart. Und die Tragödie des Berners nimmt von seiner Treue gegen die Gefolgsmannen ihren Ursprung: er räumt vor dem falschen Sibich sein Reich, um seine Getreuen aus der Gefangenschaft zu lösen. Wittich, der ungetreue Gefolgsmann, geht zum Feinde über; den in tiefster Seele treuen Heime aber, einen eigenwilligen Eisenkopf, nötigt Dietrich selbst durch Mißtrauen aus seinem Kreise und zwingt ihn, in die Wälder zu gehen und des Tages zu warten, da er seine Treue beweisen kann.

Auch hier hat die germanische Volksdichtung das Tragische aller lebendigen Gemeinschaft erkannt; daß Treue mit Treue, persönliche Ehre mit Mannenpflicht in Widerstreit geraten kann, so daß gerade der Allertreueste verkannt wird. Aber das ist den alten Dichtern die allerhöchste Treue, daß Heime in den Wäldern sich selber treu bleibt, um am Tage der Gerechtigkeit dem Gefolgsherrn beizustehen und den wirklichen Verräter mit dem Schwerte zu erlegen.

Die Grundkräfte germanischen Wesens bleiben sich im deutschen Volkstum immer gleich. Wo immer sich eine lebendige Ordnung neu bildete, da war sie gegründet auf gegenseitiger Treue zwischen Führer und Gefolgschaft und auf der Gerechtigkeit, die über beiden waltet. Unzerstörbar ist jede Gemeinschaft, die auf dieser Grundlage ruht; vergänglich, wenn diese Grundlage erschüttert ist.

Die heilige Fahne

Nichts Großes gab im Leben des Germanen, bei dem ihm nicht die enge und unlösliche Verbundenheit mit dem Geiste und dem Wesen seiner Ahnen zum Bewußtsein gekommen wäre. Ihr Leben war sein Leben, seine Taten waren ihre Taten, und in seiner

höchsten Kraftentfaltung, in Kampf und Krieg, spürte er mehr als anderswo ihre unmittelbare Nähe, ja das völlige Einssein mit ihnen und ihrem heldenhaften Geiste. Aus diesem Wissen um die Einheit des lebendigen Seins in der Spanne der Geschlechter sind seine Sinnbilder entstanden, und vor allen anderen die Sinnbilder des Krieges und Kampfes.
Auf den Grabhügeln der Vorzeit, die im Inneren in der Steinkammer die Gebeine des Ahnherrn bargen, ragte als Mal und Zeichen ein Pfahl, geschnitzt aus dem heiligen Holze, das dem naturnahen Nordmenschen Sinnbild und Sitz des Lebens ist. Kein totes Merkzeichen nur, sondern eine lebendige Brücke von der Welt der mütterlichen Erde zur oberen Welt des lichten Himmels, in der die Sonne ihre Bahn läuft und in der die Taten gewirkt werden, an denen die Toten der Sippe und des Volkes ihren Anteil haben, so wie sie untrennbar teilhaben an dem Geiste und dem Blute derer, die diese Taten wirken. Diese Zeichen waren geladen mit der göttlichen Kraft, die in der Erdkraft und der Sonnenkraft wirkt, und die als unzerstörbares Teil die im Helreich harrenden Toten mit den in Mittgard handelnden Männern verbindet. Dies heilige, mit göttlicher und mit Ahnenkraft geladene Zeichen wurde als Feldzeichen in die Schlacht geführt; die junge Mannschaft schützte es mit Schild und Lanze und fühlte Siegeskraft von ihm ausgehen; denn die Kraft der Ahnen lebte in ihm, und es war der Glaube an den Sieg selbst, der sich darin verkörperte. Bis tief in das Mittelalter hinein war die Schlacht ein verabredetes Treffen mit dem Gegner; so wurde die Bannerstange auf dem vereinbarten Felde aufgestellt und ringsum die

Schildburg gebildet, bei welcher der Heerführer selber hielt, und bei der die Entscheidung des Kriegsgottes fiel.
Dies Feldzeichen war mit einem Sinnbild des Sieges gekrönt; in Deutschland war es meistens der goldene Adler, der noch unsere deutschen Könige des Mittelalters in den Krieg begleitete, und der schon vor anderthalb Jahrtausenden von den Sachsen geführt wurde, als sie siegreich vordrangen und ihr Reich bis tief in Mitteldeutschland und über das Meer nach Britanien ausdehnten. Wo sie neues Land gewonnen hatten, da pflanzten sie das heilige Zeichen auf dem Schlachtfelde auf; nach Osten gerichtet, der aufgehenden Sonne zu: so sollte Ahnengeist und Ahnenkraft aus den Gräbern der Heimat in den neugewonnenen Boden überströmen und die allgegenwärtige Sonnenkraft den neuen Heimatboden weihen. Denn von der Sonne nahm der Germane sein Land, wie es uns noch viele bäuerliche Weistümer der späteren Zeit erzählen; in dem heiligen Feldzeichen aber vermählte sie sich mit der heiligen Erdkraft, dem mütterlichen Element, von der auch Donar, der alte Gott der germanischen Bauernkrieger, ernährt wurde, wie die Edda erzählt. Die ewige Ordnung des Weltalls vereinigte sich darin mit dem Gesetze des Blutes und des Bodens, das der Urgrund aller heiligen Sippengesetze ist. Und das war der letzte Sinn alles germanischen Kampfes: nach dem Gesetz der waltenden Sonne zu leben und dabei fest in der Erdkraft zu wurzeln, in der die Kraft der vielen tausend Ahnen lebt.
Dies fest mit dem Boden verbundene Feldzeichen nannte man später den „Standhart", das heißt

„standfest"; und daraus ist unser Wort „Standarte" gebildet. Es bezeichnet heute wie in der Vorzeit das Feldzeichen einer kriegerischen Truppe und ihres Führers und das Sinnbild einer unzerreißbaren Kampfgemeinschaft. Die stürmenden Einzelverbände aber, die sich mit Schwert und Lanze in die Scharen der Feinde stürzten, führten ein besonderes Feldzeichen, die Sturmfahne mit dem langen roten Flaggentuch. Auch sie stammt aus der germanischen Urzeit: Der Kriegsspeer Wodans ist ihr Urbild; zum Zeichen dessen, daß bei ihm, dem unerforschlich Waltenden, die Entscheidung stand, wurde an den Schaft ein rotes Tuch gebunden, das früher wohl einmal mit dem Blute der Krieger selbst getränkt war. Sie war das Zeichen, daß alle, die ihr folgten, sich dem Tode geweiht hatten und das Leben, wenn es ihnen erhalten blieb, als ein neues Geschenk des Walvaters entgegennahmen. Aber in dieser Todesbereitschaft lag für den kriegsbereiten Germanen die höchste Steigerung des Lebens. Im Liede von den todbereiten Nibelungen heißt es von Volker, dem Fahnenträger der Burgunden: „Er band zu einem Schafte ein Zeichen, das war rot."
Im alten Reiche war es das höchste Vorrecht des schwäbischen Heerhaufens, dem Reichsheere diese Sturmfahne voranzutragen, in der sich immer die todbereite deutsche Siegeszuversicht verkörpert hat. Immer und immer wieder mußte die Sturmfahne unter dem Hügel ihrer erschlagenen Verteidiger hervorgezogen werden: ob es nun das Rabenbanner der Normannen war, die Sturmfahne der deutschen Ritterschaft, die Fahnen der deutschen Landsknechte oder die Fahnen preußischer und deutscher Batail-

lone. Wenn der Krieger in germanischer Zeit und heute noch seinen Treueid auf die Fahne leistet, so lebt darin der alte, erhabene Gedanke: In dem Feldzeichen lebt der Geist der Ahnen und ihrer kriegerischen Taten, in ihr lebt der Geist der kriegerischen Gemeinschaft selbst, der den Tod überdauert, denn „die Fahne ist mehr als der Tod“. Darum ist die mit dem Blute der erschlagenen Krieger getränkte Flagge für immer der mythische Sammelpunkt der lebendigen und der toten Krieger.

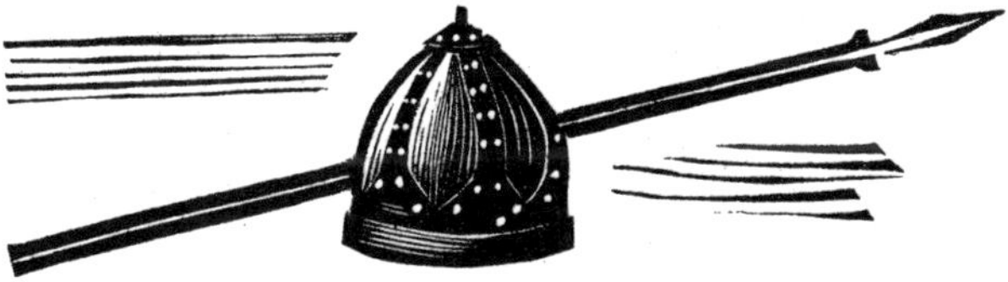

Der heilige Speer

Unter den Reichskleinodien des Alten Reiches, die nach hundertfünfzigjähriger Abwesenheit an ihre alte Stätte in die Reichsstadt Nürnberg zurückgekehrt sind, ist das ehrwürdigste Kleinod nicht die kostbare goldene Krone, so ehrwürdig sie allen Deutschen sein muß; es ist die eiserne Lanzenspitze, die der alte Königsspeer trug. Sie ist das älteste Wahrzeichen germanischer Führer und Könige, die nicht in Gestalt einer goldenen Krone, sondern mit

dem siegreichen Speere das Wahrzeichen ihrer Herrschaft ergriffen. Diese Herrschaft aber war göttlicher Herkunft, und der heilige Speer, in dem sich die Herrschaft versinnbildlichte, war selbst im eigentlichen Sinne das Wahrzeichen des allwaltenden und siegbringenden Gottes, der in der späteren germanischen Zeit als der Walvater und Allvater Wodan erscheint. Ursprünglich mag es der germanische Himmelsgott Tiu gewesen sein, mit dessen Namen in den Runenreihen die speerförmige Rune bezeichnet wird. Wenn daher unsere alten Könige und Kaiser ihre Herrschaft von göttlicher Berufung herleiten, so ist das nicht erst eine Erfindung der mittelalterlichen Kirche; es ist eine Weiterführung jenes uralten germanischen Gedankens, daß alle menschliche und irdische Ordnung ein Abbild der großen Ordnung des Himmels und des Weltalls sein soll.
In der germanischen Vorzeit verlieh, wie Tacitus berichtet, der Gefolgsherr dem jungen Gefolgsmann das Roß und den „blutigen, siegbringenden Speer": auch das war eine Übertragung der dem Führer eigenen Herrscher- und Siegeskraft an den jungen Krieger. So stellten die alten germanischen Bildwerte den Wodan und seinen Vertreter, den Heerführer, vorwiegend mit Schild und Speer dar, und der große Gotenkönig Dietrich von Bern schwingt auf dem Reiterstandbild, das ehemals zu Rom stand und von Kaiser Karl nach Aachen gebracht wurde, den Speer als Zeichen seines Königstumes. Der heilige Speer war denn auch unter den Königszeichen, die der sterbende König Konrad im Jahre 919 durch seinen Bruder Eberhard an Heinrich, den ehemals feindlichen Herzog der Sachsen überbringen ließ: so ist das

alte Königszeichen mit einer der größten Taten der deutschen Geschichte verbunden. König Heinrich selbst, der das alte Ostfrankenreich wieder aus seinen germanischen Wurzeln heraus erneuerte, ist auf seinen Siegeln mit Speer und Schild dargestellt. Der Speer, den er führte und der heute noch unter den Reichskleinodien erhalten ist, stammt freilich von einem anderen germanischen Volke, aber gerade daran wird seine Herkunft aus der gemeinsamen germanischen Vergangenheit sichtbar.

Im Jahre 922 hatten die langobardischen Herzöge den Speer der Langobardenkönige als Zeichen der Herrschaft über das italische Langobardenreich König Rudolf II. von Burgund übergeben. Vier Jahre später wurde dieser Speer durch Rudolf an König Heinrich ausgeliefert, der damit seine Herrschaft sinnbildlich über das alte burgundische Königreich ausdehnte; der Speer wurde seitdem zum Zeichen der deutschen Königsherrschaft überhaupt. Die Langobarden selbst hatten diese Königslanze aus ihrer fernen germanischen Vorzeit übernommen; wir hören wiederholt von ihm als dem Sinnbild der göttlichen Berufung ihrer Herrscher. So wurde einmal bei einer zwiespaltigen Königswahl der rechte König dadurch bezeichnet, daß sich ein Falke auf seinem Speer niederließ. König Authari dehnte seine Herrschaft bis über Unteritalien aus; er berührte mit dem Königsspeer eine Säule, die in der Meerenge von Messina stand, und bezeichnete damit die Grenzen seiner Herrschaft. Ähnliches berichtete die Sage von König Otto I.: Er soll seine Lanze in den „Ottesund" im Norden von Jütland geschleudert und damit die Grenze seines Reiches gekennzeichnet haben.

Mit Sicherheit aber wissen wir aus der Geschichte, daß Otto den heiligen Speer der germanischen Könige in der größten und entscheidendsten Schlacht seines Lebens geführt hat, in der Ungarnschlacht auf dem Lechfelde am 10. August 955. Nach einer mutigen Ansprache an die Männer seines Gefolges ergriff er den Schild und den heiligen Speer und sprengte als Erster gegen den Feind, der in dieser Schlacht bis zur völligen Vernichtung geschlagen und für immer vom deutschen Boden vertrieben wurde. Er mag den Speer in seiner von ihm erbauten Pfalz zu Magdeburg aufbewahrt haben, und damit kam das alte langobardische Königszeichen in die Nähe der Urheimat dieses Volkes zurück, nachdem es nacheinander von langobardischen, burgundischen und deutschen Königen geführt worden war – ein Sinnbild der Beständigkeit germanischen Wesens im Wechsel einer bewegten Geschichte. Im Jahre 1002 übernahm König Heinrich II., der letzte Sachsenkönig, zu Mainz mit der heiligen Lanze das deutsche Königtum.
Etwas später begann die Erinnerung an die Herkunft des alten Wodansspeeres zu verblassen; die kirchliche Legende brachte sie mit dem heiligen Mauritius in Verbindung, und noch später wurde erzählt, es sei die Lanze, mit der Longinus, der römische Hauptmann, die Seite Christi am Kreuze geöffnet habe. Im 10. Jahrhundert hatte man in das Speerblatt einen eisernen Nagel eingefügt, der angeblich am Kreuze Christi die rechte Hand durchbohrt hatte. Das Durchdringen christlicher Vorstellungen gestalte die germanische Überlieferung um, aber gerade dieser blutbefleckte Nagel läßt doch noch eine dunkle Erinnerung an den „blutigen, siegbringenden Speer“ der

germanischer Vorzeit erkennen. Und auch im Parzival des Wolfram Eschenbach, in den so manches von der Gedankenwelt des Alten Reiches aus germanischer Überlieferung eingeströmt ist, wird der mit dem Königsblute getränkte Speer dem neuen Herrscher in der Gralsburg vorangetragen. König Heinrich IV., der sein ganzes Leben lang die Unabhängigkeit des deutschen Kaisertumes gegen das Papsttum verfechten mußte, ließ die Speerspitze mit einem breiten Silberbande einfassen, zu dem Kaiser Karl IV. ein goldenes Band hinzufügte.
In einer Urkunde von 1246 wird der heilige Speer als „ Speer und Nagel unseres Herrn" bezeichnet – der alte Götterspeer ist völlig in die christliche Gedankenwelt eingebaut worden. Aber unter dieser fremden Hülle haben wir längst den wahren germanischen Kern wieder entdeckt.

Sippe und Sage

Geschlecht auf Geschlecht in endloser Kette hat einst den Boden Germaniens bewohnt und bebaut, hat seine Toten in Gräbern aus Stein oder in gebrannten Urnen beigesetzt und hat sich seine Gedanken gemacht über den Sinn dieses Lebens, das sie froh und stark und in Ehrfurcht vor dem Unerforschlichen erlebten und, wenn die drängende Not der Sippe oder des Volkes es gebot, freudig aufs Spiel setzten. Viele tausend Jahre reichte so ein Glied dem nächsten die Güter des Lebens weiter; nicht nur das heilige Brotkorn, das sie als das sichtbare Zeichen der Lebenserhaltung verehrten, auch die Güter der Seele und des Geistes, die als Frucht des Welterlebnisses und der Welterkenntnis in jahrhundertelanger Reihe zum Mythos und Märchen, zu Sinnbild und Sage gewachsen waren. Bis in der Zeit der großen Völkerdämmerung gewaltige Heere aus dem fremden Süden kamen, ihr Recht an die Stelle des heimischen und ihre Götterwelt an die Stelle der eigenen zu setzen. Ein überragender Führer raffte das Volk zusammen und schlug die feindlichen Heere aufs Haupt, und noch lange, vielleicht mehr als tausend Jahre hat man von diesem Führer gesungen, der durch seinen Sieg den Frieden des Volkes und seiner Sippen wiederherstellte.

Es kam aber eine andere Zeit, böser als jene: da kamen wieder fremde Heere, aber diesmal waren es die eigenen Stammesgenossen, die sie führten; und in ihrem Gefolge kamen fremde Männer mit anderen Lehren, die von alledem, was da auf dem heimischen Boden gewachsen war, nichts mehr wußten. Und vor ihrem Wirken mußte die uralte, heilige Welt der eigenen Überlieferungen weichen und in das Dunkel der Wälder und in die Öde der Heiden zurückweichen. Und endlich fand es eine letzte Zuflucht nur in den Seelen selbst, die die gleichen geblieben waren wie in der Urzeit, und in dem, was man am prasselnden Feuer und im winterlichen Webkeller, und endlich beim surrenden Rade in den Spinnstuben einander erzählte.

Und damit war Frau Sage dorthin zurückgekehrt, wo ihre eigentliche Heimat war: in den lebendigen

Kreis der Geschlechterfolgen, in denen das heilige Brotkorn und das lebendige Korn der Überlieferung lebenspendend und lebenerhaltend von Kind zu Kindeskindern weitergegeben wurden. Während die Männer und die Frauen, die auf der Höhe des Lebens stehen, dem tätigen Leben sein Recht zuteil werden lassen, Heiden umpflügen und Wälder roden, weiß die Ahnfrau und der Ahne die uralten, tiefen Untertöne, die die ewige Begleitmelodie dieses tätigen Lebens bilden; und von ihnen erfahren es die Enkel, die zu ihren Füßen sitzen, und die zu allen Zeiten die Empfänglichsten sind für das alte Wissen und den alten Glauben und für die Wunder, die die Welt denen offenbart, die um ihre alten und tiefen Geheimnisse wissen. Die Ältesten und die Jüngsten – das ist der sinnende und träumende Teil des Sippenlebens, das erst durch diese Ergänzung zu jenem geheimnisvollen Urwesen wird, von dem wir heute noch einen Hauch verspüren. Hier wußte man noch von großen Ahnen, die draußen in den Heidegräbern ruhen und wie einst im Leben, so jetzt noch die heiligen Schutzgeister der ganzen Sippe sind. Man wußte noch von dem König im Berge, der seine Schätze mitgenommen, damit kein schnöder Zwist um den Hort den Frieden der Sippe störe. Man wußte noch von dem Kind, an dessen Wiege die weisen Frauen getreten waren, ihm ihre Gaben zu verleihen; und wie dann die böse Frau ihr das schlimme Geschick bereitete, von dem sie aber der mutige Königssohn, der nichts fürchtete, wieder erlöste.

Und alles dieses wußte man nicht nur, man kannte auch noch die Stellen, wo es geschehen war. Da kannte man in der Mark den Berg, in dem einst vor

uralter Zeit der König Hinz in drei Särgen mit all seinen Schätzen begraben wurde. In Mecklenburg zeigt man den Hügel, in dem die Zwerge an einem steinernen Tische saßen und einen ehernen Kessel hüteten. An der Weser kannte man gar einen Hügel, in dem einst eine Königin, die von Norwegen gekommen war, begraben wurde; um ihr Grab hätten zwölf Pechtonnen gestanden, die wochenlang gebrannt haben. Solches und anderes mehr wußte und weiß man noch, und die „Gelehrten“ hatten immer über diesen „Aberglauben“ die Köpfe geschüttelt und das „dumme Volk“ auf andere Erzählungen verwiesen, die weit älter und besser verbürgt sein sollten, als dies Spinnstubengeschwätz. Bis dann eines Tages eine andere Art von Gelehrten aufkam, die hatten wohl auch von ihrer Ahnfrau die alten Geschichten gehört und ihren wunderbaren Zauber verspürt; und sie dachten, daß das, was auf diesem Boden gewachsen war, doch nicht so dumm sein könnte. Sie gruben in den Berg in der Mark ein Loch, und siehe da, die Schätze des Königs und seine drei Särge (es waren drei Graburnen) kamen zum Vorschein. In Mecklenburg holte ein gelehrter Mann die Bauern zusammen, und als man beim Graben wirklich auf den Steintisch und auf den bronzenen Kessel stieß, da fürchteten die Bauern den Zorn der Zwerge, ließen ihre Schaufeln im Stich und rannten davon. An der Weser endlich fand der Gelehrte, der selbst ein Mann des Volkes war und dessen gesunde Ehrfurcht besaß, beim Graben auch die Spuren der Pechtonnen und konnte genau bestimmen, wo sie gestanden hatten.
Nun sah man nach und nach die alte Weisheit des Volkes mit anderen Augen an, und man erkannte,

daß diese Weisheit viel echter und dauerhafter ist, als alle Pergamente, die man aus fremden Ländern geholt und als uralte Offenbarung angepriesen hatte. Und man erkannte, daß auch andere Sagen einen tiefen, ehrwürdigen Kern haben: etwa die Sage von dem großen Volkskönig, der am steinernen Tische im Berge sitzt und des Tages harrt, da ihn sein Volk in höchster Not zu Hilfe ruft. So sehr hat sich nämlich das ganze deutsche Volk als eine einzige Sippe empfunden, daß es diesen Ahnen im Berge zum ewigen Sinnbild von Volk und Reich gemacht hat.
Und so konnten wir auch das alte, tiefe Bild, nach dem die guten Geister dem Neugeborenen in der Wiege als weise Frauen ihre Gaben spenden, auf einer Grabdarstellung in Schweden wiederfinden und richtig deuten. Die guten Gaben – das ist das Erbgut der Sippe, daß jedem Neugeborenen geschenkt wird. Die eine böse Gabe aber, die wohl jedem mit in die Wiege gelegt wird, muß durch ein kämpfendes, tatfreudiges Leben überwunden werden, dessen Sinnbild der Königssohn ist, der sich vor nichts fürchtet.

Der heilige Herd

Das Feuer ist in den ältesten Mythen der Menschheit zum Sinnbild des Aufstieges der Menschheit geworden; als Wahrer und Beherrscher des Feuers unterscheidet sich der Mensch am sichtbarsten von den Tieren, die allesamt das Feuer fürchten. Jener mythische Prometheus, der den Menschen das Feuer vom Himmel geholt hat, wurde zum Inbegriff des Vorausdenkenden, der im Kampfe mit den Naturgewalten diesen selbst im Feuer den mächtigsten Bundesgenossen abgewann.

Im Hause der nordischen Urzeit loderte der heilige Brand in der steinernen Feuergrube inmitten des Wohnraumes; einzige Quelle von Wärme, Licht und

Wohnlichkeit, wenn die nordische Winternacht das große, feurige Tagesgestirn verschlungen zu haben schien. Dann war der heilige Brand das sorgfältig gehegte Sinnbild und Unterpfand des Weltenlichtes, das in der Unterwelt den Kampf mit Lindwürmern und Unholden zu bestehen hatte; soweit es Licht und Wärme verbreitete, bannte es das Leben selbst in seinen Kreis, und in diesem Kreise mag der uralte, ewige Mythos vom lichten Sonnenhelden und von seinen Taten und Leiden zuerst gedichtet worden sein.

Ein Element und Sinnbild des Lebens ist es auch in späteren Zeiten geblieben, als das alte Wohnhaus sich weithin in Länge, Breite und Höhe ausgedehnt hatte; als es sich auf Ständern aus Eichenstämmen emporgereckt hatte und ein gewaltiges, weitausladendes Dach trug, in dessen dämmeriger Höhe sich die Funken des prasselnden Herdfeuers verflogen, und durch dessen Ritzen und Fugen der Rauch sich seinen Weg nach außen suchte. Die Feuergrube rückte zum oberen Ende des langen Rechteckhauses, wo der lehmgestampfte, gedielte oder steinbelegte Teil der Halle war, der in Norddeutschland noch heute mit einem uralten Namen als „Flett" bezeichnet wird. Auf diesem Flett, in der Königshalle wie im Hause der freien Bauern, wuchsen die Kinder auf, wie es uns die alten Heldenlieder berichten; der heilige Herd war hier und dort der Mittelpunkt des Sippenlebens, und aus ganz alter Überlieferung können wir schließen, daß ursprünglich sogar der Ahne selbst unter der Herdstelle begraben worden ist. Am heiligen Herde stand der Sitz der Frau, die hier als Königin des Hauses thronte, wie der Fürst in der

Königshalle unter seinen Getreuen den Sitz am Feuer hatte, und wie die Bäuerin in Westfalen heute noch vom Herdsitze aus das ganze Haus überschauen und lenken kann. Sie ist gewissermaßen die Hüterin des heiligen Feuers selbst; und als Trägerin dieser Aufgabe mag sie aus den urtümlichen Verhältnissen des Hauses auch die Hüterin des heiligen Feuers geworden sein, das die größten Kultgemeinschaften an den Mittelpunkten ihrer Gottesverehrung unterhielten. Denn die Vorstellungen und Einrichtungen des Götterdienstes waren bei den nordischen Völkern aus dem engeren Bereiche des Sippenlebens und der Sippenordnung in die größeren Maßstäbe der Welt und der Weltordnung übertragen; wie ja auch das Wort „Heim" in der nordischen Sprache gleichzeitig sowohl den engeren Schauplatz des Sippenlebens wie auch den Schauplatz des gesamten Weltgeschehens bezeichnet.

So hat sich bis in unsere Zeit der Brauch erhalten, daß die junge Frau beim Einzug in ihr neues Heim dreimal um den Herd geführt wurde, wodurch sie die Herrschaft über das Innere des Hauses antrat. Dort, wo der Herd ganz an die Rückwand des Hauses gerückt war, wie es bei dem Sachsenhause später meistens der Fall war, wurde sie wenigstens um den Kesselhaken, das „Hahl", geführt, das mit seiner kunstvollen Schmiedearbeit und seinem reichen Sinnbildgehalt ein ganz besonderes Schmuckstück des Hauses war. Mit seinen Jahresrädern, mit den Sonnenscheiben und allerlei Getier aus der Sagen- und Märchenwelt hat es die Überlieferung aus jener Zeit bewahrt, in der man in dem heiligen Herdfeuer das Abbild des großen Sonnenfeuers verehrte. Dies große Gleichnis wurde früher in dem allgemeinen Brauche dargestellt, zur Zeit der Wintersonnenwende, wenn nach dem ältesten Mythos die Sonne im Weltmeere versank, alle Herdfeuer weit und breit mit Wasser auszulöschen und mit dem hölzernen Feuerbohrer das neue Feuer zu entzünden. Zwillinge mußten es ursprünglich vor oder unter dem großen Dielentore zum Aufflammen bringen, und von diesem Feuer holten die Hofbesitzer von nah und fern das neue Feuer für ihren Herd.

Dieser Brauch der Herderneuerung, der vor tausend Jahren und heute noch den Namen „Notfeuer" führt, wurde in der Bekehrungszeit grausam bekämpft; und doch hat er sich unter dem alten Namen bis in unser Jahrhundert erhalten. Er war eng verbunden mit dem Brauchtum der Sonnenwenden, insbesondere der Winterwende, wenn in der Wiedergeburt des Feuers die Wiedergeburt der Sonne gefeiert wurde. Dann wurde der „Julblock" in das erneuerte Herdfeuer gewälzt, meistens das Wurzelende eines Baumes, und in den Ruß der Herdwand wurden der Lebensbaum und andere Sinnbilder des Jahreslaufes eingeritzt. Hier berührt sich denn auch die Menschenwelt am engsten mit der Welt der Geister, die in den Sagen durch den Rauchfang ein- und ausfahren; auch der Wilde Jäger wirft seine heilbringenden oder unheilvollen Gaben gerne durch den Rauchfang hinab.

All dies sind nur Abwandlungen des alten Heilsgedankens, der mit dem Herdfeuer verbunden ist: es ist der leuchtende und wärmende Mittelpunkt der Sippe, der Hort ihres Lebens und somit selbst ein Gleichnis des ewig Lebendigen.

Deutsche Totenfeier

Gräber sind es, die uns am eindringlichsten an das Leben der Vorzeit gemahnen. Für unsere Ahnen waren sie Denkmäler des Lebens selbst; ohne sie wüßten wir wenig vom Leben der Ahnen, von ihrer Kunstfertigkeit, von ihrem Waffenmute und von ihrer gewaltigen Kraft – und vor allem von ihrem hohen Sinnen und Denken. Ihre Gräber sind Weihestätten, weil sie vom Wissen um die Unzerstör-

barkeit des Lebens zeugen; weil sich der Wille zur Ewigkeit im Wechsel der Zeiten am sinnvollsten kundtut. Ehre dem Ahnen – das war der Grundgedanke, der die Arme der Steinzeitleute in Bewegung brachte, wenn sie Granitblöcke von weit her heranwälzten und zu Totenhäusern türmten, wie sie keinem Lebenden errichtet worden sind. Mit dieser Ahnenehrung aber haben sie sich selbst Denkmäler errichtet, denen wir mit Ehrfurcht vor den Ahnen wie vor den Enkeln gegenüberstehen, die solcher Taten fähig waren. Denn was könnte den Nordmenschen, der mit der Not des Lebens genug zu ringen hat, zu so übermenschlicher Kraftanstrengung für eine Totenehrung bewegen, wenn nicht eine hohe und gewaltige Idee?
Vorbei sind die Zeiten, da dürre Stubengelehrte solche Taten aus der Furcht der Überlebenden vor den Toten erklären zu können glaubten. Eine bessere Kenntnis unserer Volksüberlieferung hätte sie schon eines Besseren belehren können. Denn an den Gräbern der Vorzeit haftet unauslöschliche, lebendige und wirkliche Erinnerung durch Tausende von Jahren. Stärker als das Grauen, das den Menschen bei allem, was mit Tod und Vergehen zu tun hat, erfassen mag, war das Gefühl, daß über allem Scheiden und Vergehen ein unlöslicher Zusammenhang waltete; daß ein stetes geheimnisvolles Kommen und Gehen in der ewigen Reihe des Blutes walte und eine feste Beziehung und ein unlösliches Band knüpfte zwischen denen, die lebten, und denen, die gegangen waren. Dieser Gedanke stand im Mittelpunkte aller sinnbildlichen Deutung, die sich in den dem Toten erwiesenen Ehren ausdrückte: kein zwischen

Hölle und Himmel geteiltes Jenseits, wie in südlichen Ländern, sondern das Leben im Kreise der Sippe oder im Ringe der Kampfgenossen; das Middilgart unserer Vorfahren und seine heldische Ergänzung durch die Walhalla der Krieger. Und wenn der Held noch einer Läuterung bedurft hätte, so war hier auf Erden, auf dem Schauplatze des ewigen Heldenkampfes Raum genug dafür. Sage, Märchen und Brauch, die tiefsten Zeugnisse unserer wahren Weltanschauung, bieten dafür Zeugnisse in Fülle.
Dem toten Helden waren auch im „Jenseits", daß meist als ein neues Leben auf dieser Erde gedacht war, neue Taten zugedacht; deshalb setzte man ihn im vollen Schmucke der Waffen bei, deshalb ritten die Waffengefährten um sein Grab und sangen von seinen Taten:

Dann umritten den Hügel die rüstigen Helden,
Der Edlinge zwölf, die nach altem Brauch
In Liedern sangen die Leichenklage
Und den König priesen. Die kühnen Taten
Rühmten sie laut und sein ritterlich Wesen,
In Wort und Spruch sein Wirken ehrend
In ziemender Weise. Das ziert den Mann,
Den lieben Herrn durch Lob zu erhöhen
In treuem Sinn, wenn des Todes Hand
Aus Leibes Hülle löste die Seele.

So besingt das angelsächsische Lied die Totenfeier des tapferen Beowulf. Der König aber, der im Berge wohnt, ist fortan der Schutzgeist der Sippe und des ganzen Volkes, und noch Jahrtausende später weiß das Volk, daß ein König dort haust, und welchen Waffenschmuck oder Zierat er bei sich hat.

Ein Fortleben nach dem Tode mußte sich der Germane als ein fortdauerndes Handeln und Kämpfen vorstellen. Denn war ein Held und Krieger im Kampfe gefallen, so konnte die in ihm wirkende stürmische Kraft unmöglich ins Nichts versinken; sie mußte weiterwirken, und sei es in den Stürmen der großen Natur selbst. So entstand das großartige Bild vom wilden Heere, in dem die Seelen der Abgeschiedenen unter dem Führer Thor oder Wode durch die Lüfte reiten; und nicht umsonst war der Tag des Totenführers auf das Ende des Scheiding gelegt, wenn die Stürme der Herbstgleiche das welke Laub hinwegzufegen beginnen. Wenn später der Michael an seine Stelle trat, so hatte sich außer dem Namen nichts daran geändert. Im ganzen Mittelalter fielen die großen Herbstversammlungen auf das große Herbstding des alten Schwertgottes. Zu diesem Jahresding aber, auf dem im Namen des rechtswahrenden Schwertgottes das Halsgericht gehalten wurde, wurden durch feierlichen Ruf die Lebendigen und die Toten entboten. Das große Band, das die Dingstätte umhegte, umschlang sie alle im Namen des heilige Friedens des Rechtes und der Sippe.
Manches hat sich gewandelt unter dem Einfluß fremder Gedankenwelten, die uns geraume Zeit hindurch unsere Ahnen aus der grauen Vorzeit vergessen ließen. Heute sind wir mit Hilfe der Forschung wieder bis zu den Wurzeln unseres Seins vorgestoßen, und erst jetzt vermögen wir richtig zu ermessen, wie getreu durch die Jahrtausende das Volksgemüt sein Wissen um diese Wurzeln bewahrt hat. Vor allem ist es jene Überlieferung, die aus der grauen Vorzeit wie eine große Achse durch unsere be-

wußte Geschichte geht: die Sage vom König im Berge der an seinem steinernen Tische sitzt, im Schmucke der Waffen, und als gewaltiger Ahne der Sippen über das Heil der künftigen Geschlechter wacht, um dann wieder daraus hervorzugehen, wenn das Volk in der höchsten Not seiner Hilfe bedarf.

Der deutsche Roland

In den Grabhügeln der Vorzeit ruhten die Ahnen der großen Bauerngeschlechter in steinerner Grabkammer oder in tönernen Urnen. Das Grab war den Nachfahren mehr, als es uns heute zu sein pflegt: es war die Stätte, an der die Ahnenkraft lebendig war und unsichtbar auf jene überströmte, die vom Blute der Toten in den Hügeln waren. Als sichtbares Zeichen dieser Ahnenkraft, die als „Erdkraft“ auf Menschen und Götter überging, war der Stamm eines Baumes auf dem Grabe errichtet, der Stamm als Sinnbild des lebenden Baumes, so wie die Ruhestätte des Toten selbst Sinnbild der unzerstörbaren Lebenskraft war, die in seinem Geschlechte waltet. In Gestalt dieses heiligen Pfahles war der Ahnherr mit seiner Kraft unter den Lebenden anwesend; bei der Berührung seines Wahrzeichens ging sie auf die Lebenden über; sei es, daß er beim Ding und Gericht als der oberste Schwurzeuge inmitten der Dingversammlung stand, oder daß er als Bannerstange dem Heere in die Schlacht vorangetragen wurde. Verbürgte er dort die eherne Wahrung von Recht und Gerechtigkeit, so zog er hier den Sieg herbei. Denn ein einziges großes Band hielt alle Glieder von Sippe und Volk umschlungen, ob sie im Lichte lebten oder im Totenreiche weilten; und so entbietet noch in später Zeit der Gerichtsherr „die Toten und die Lebendigen zum Halsgericht“.

In diesem heiligen Pfahle verband sich sinnbildlich die Erdkraft mit der Kraft der siegreichen Sonne, unter der die Lebenden weilen, und so verband sich in ihm das Land der Ahnen mit dem Lande der Enkel. Wenn neues Land für Sippen und Geschlechter des Volkes in Besitz genommen wurde, so wurde zum Zeichen der Landnahme der heilige Ahnenpfahl auf dem gewonnenen Boden aufgerichtet, und die Ahnenkraft strömte auf das neue Land über, das „von der Sonne zu Leben genommen“ wurde, wie uns noch mittelalterliche Urkunden berichten. Da aber Sonne und lichter Tag von jeher die Wahrer und Hüter des Reiches gewesen sind, so wurden Ahnen-

grab und Ahnenpfahl Mittelpunkte der Gerichtsstätten, und durch sie wurde der heilige Rechtsfrieden sichtbar und greifbar verkörpert.
Ein fremder Glaube und ein fremdes Recht kamen über das germanische Land und brachten fremde Gedanken und Formen, die manchen altheiligen Glauben und Brauch bis an die Lebenswurzeln trafen. Aber so wenig sie es vermocht haben, uns blutsmäßig von den Ahnen zu trennen, so wenig haben sie die Wurzeln dessen ausroden können, was sei Jahrtausenden aus Blut und Geist der Ahnen gemacht war. Altheiliger Rechtsbrauch wurde in die Kirchen verlegt; aber die neue Dingstätte, der Kirchturm, übernahm bei den Angelsachsen selbst den Namen jenes heiligen Ahnen- und Gerichtspfahles, des „Stapel" (steeple). Die alten Grabzeichen machten neuen Platz, aber aus dem Rechtswesen war der Ahnengeist nicht so leicht zu verbannen. Er lebte weiter als Mittelpunkt des „gehegten Dinges"; neben seinem lebendigen Gegenbild, der Gerichtslinde, die über den Steinsitzen der Schöffen rauschte. Er drang sogar in den Kirchturm ein, sonderbar umgestaltet zum Bilde eines streitbaren Heiligen, der auf der Säule steht, wie der Patroklus zu Soest und ehemals der Mauritius zu Magdeburg. Aber in manchen Gegenden, so in Ostpreußen, hat er sich auch als Grabzeichen erhalten, und das lebendige Holz sagt uns heute noch mehr als die prunkvollen Totensteine, die mit einer fremden Welt zu uns gekommen sind.
Ursprünglich war an den Gerichtspfählen das Richtschwert selbst als Hort des Rechtsfriedens aufgehängt, weshalb er auch der Schwertpfahl hieß, und

neben ihm vielleicht auch der Schild des Königs, der früh der oberste Gerichtsherr geworden war. Seit Urzeiten hat der Germane das Göttliche im heiligen Sinnbild verehrt, nicht in menschlicher Gestalt; und so hat erst eine spätere Zeit dem heiligen Holze andeutungsweise menschliche Züge gegeben, die auf den hindeuten, dessen Kraft in dem Sinnbild lebt. Wir wissen, daß schon die alten Nordländer den heiligen Hochsitzsäulen, in denen Thors Kraft lebte, andeutungsweise ein Gesicht gegeben hatten. Auf dem Festlande vollzog sich dieser Übergang viel langsamer. Aber nach und nach wurde aus dem Ahnenpfahl mit dem Schwerte eine schwertbewehrte menschliche Gestalt, zuweilen mit dem Schilde versehen; seit dem Mittelalter führten diese Rechtswahrzeichen den Namen „Roland". Bei den meisten deuten noch Arme und Schwert, eng an den Leib gepreßt, auf die ursprüngliche Pfahlgestalt. Hölzerne Rolande, die hier und da in Städtchen und Dörfern erhalten sind, haben auch noch ganz die ursprüngliche Gestalt, bei der nur durch Einkerbungen ein Kopf angedeutet ist, so wie es die alten Grabpfähle heute noch zeigen. Auf eine andere Grundform gehen die Rolande zurück, die den Arm mit dem Schwerte weit von sich gestreckt halten: der Arm mit dem Schwerte war ursprünglich allein ein Zeichen der Gerichtshoheit, das an Rathäusern und Gerichtslauben angebracht wurde.
Mit dem Schwinden der germanischen Freiheit im deutschen Bauerntum hatten sich häufig auch die alten Rechtswahrzeichen vom Lande in die Städte geflüchtet, wo sie nun für Jahrhunderte die Zeugen erfolgreich behaupteter Freiheiten und Rechte wur-

den. So setzte man auch Kaiser und Könige, die als Schöpfer der Freiheiten galten, auf den alten Gerichtspfahl; wie den großen Kaiser Otto, der als Reiter unter einem Überdach auf hoher Säule zu Magdeburg am Markte thront. Nur in Westfalen, im Lande der „Roten Erde", haben sich in der heiligen Feme die alten Bauerngerichte bis in die Neuzeit erhalten; und der Name „Rote Erde" erklärt auch den Namen der ehrwürdigen Rechtssinnbilder, unter denen „Roland, der Riese am Rathaus zu Bremen" der bekannteste und vollendetste, aber nicht der älteste ist. „Rote Erde" oder das „Rote Land" sind alte Bezeichnungen für die Stätten der Halsgerichtsbarkeit, die zum Zeichen des Rechtsfriedens mit einem roten Faden eingehegt wurden. Von diesem Dinggehege, dem „Rotland", ist der Name auf das alte Wahrzeichen in seiner Mitte übergegangen, das also mit dem Namen des bekannten fränkischen Helden nichts zu tun hat. Nach alter Satzung aber mußten die Schöffen der Feme „auf roter Erde", das heißt auf einer alten Dingstätte, gewählt werden, und da das Land Westfalen Ursprungsland und letztes Rückzugsgebiet der Feme war, so wurde es zuletzt selbst die „Rote Erde" genannt. Im Wandel der Jahrtausende aber hat sich hier und da noch der ursprüngliche Sinn des Ahnensinnbildes als des Wahrers des Sippenlebens erhalten. In Bramstedt in Holstein werden die Brautpaare nach der Trauung dreimal um den Roland geführt, und es wird dabei gesungen:

So lang de Wind weiht un de Hahn kreiht,
Sal üm den Roland danzt warn,
Wenn de Sünn unnergeiht.

Die Geburt des Lichtes

Nordisch-germanischer Gottglaube lebt seit Jahrtausenden in Sinnbildern und in denen, die diese Sinnbilder schufen. Sinnbilder sind mehr als Zierat, mehr als Symbole im allgemeinen Sinne; sie sind Ahnbilder eines innersten Erlebens, in Formen geprägt, die geheimnisvoll zu dem sprechen, der Blut vom Blute und Geist vom Geiste jener hat, die einst in der Urzeit aus ihrem Welterleben jene

Sinnbilder schufen. Darum sprechen sie auch noch heute zu uns, darum wecken sie in uns jenes Urerlebnis, das einmalig und ewig ist, das keiner Psychologie und keiner Entwicklung unterliegt, weil es unmittelbar von jenem Punkte der Seele ausgeht, in dem sich das Menschliche mit dem Göttlichen berührt.

Dieses Urerlebnis ist die Geburt des Lichtes. Dem Germanen ist alles, was uns vergänglich erscheint, ein Gleichnis des großen Unvergänglichen, des Allvaters der Welt, des Lebens und unseres Seins. Und darum ist ihm das Sterben und Werden eine Bürgschaft für die Ewigkeit des Seins. Heilige Tage, heilige Nächte aber sind ihm jene Zeiten, in denen dies ewige Sein darin sichtbar wird, daß Tod und Leben sich berühren. In der Urzeit, am Rande der Arktis, hat dies Erlebnis den Nordmenschen alljährlich von neuen ergriffen und erschüttert. Wenn die Sonne, seit langem in der Finsternis unter dem Gesichtskreis versunken, zum ersten Male wieder hinter den südlichen Bergen, über dem südlichen Wintermeere aufblitzt, wenn das Licht in der Finsternis scheint, so wurde er von übermächtiger Freude ergriffen, und eine frohe Festzeit war dieser Wiedergeburt des Lichtes geweiht. Nicht viel anders erging es dem Bauern in der deutschen Ebene und im Gebirge: wenn ihm das neue Licht neues Leben und neues Wachsen verkündete, so fühlte er sich selbst diesem neuen Leben innerlich verbunden. Der Funke des gottes- und tatfreudigen Lebens ging in ihm auf und erhob die Seele zu freier Tat und Arbeit.

Dies Urlicht hat den Germanen erleuchtet und belebt, wohin er auch kam, um seine Sendung zu erfüllen. Es leuchtete in den jugendlichen Scharen des Volksfrühlings, wenn sie auszogen, dem Licht und dem Leben neues Land da draußen in Utgard zu gewinnen; es leuchtete den Kriegern, die unwandelbar wie die Sonne ihre Bahn schritten, „freudig wie ein Held zum Siegen". Es leuchtete den kühnen Wikingern, wenn sie über den dunklen Schlund des Meeres ihre Kiele zu weltweiten Fahrten lenkten. Und es strahlte jenen deutschen Männern und Frauen, die abseits von einer fremden Veräußerlichung das Göttliche in sich selber suchten und es in dem „Fünklein" wiederfanden, von dem der Meister Ekkehard spricht. In mancherlei Bildern hat das fromme Gemüt unseres Volkes die Wiedergeburt des Lichtes erlebt und von ihm gedichtet. Eins der ältesten und schönsten ist das von dem neugeborenen Kindlein, das in goldener Wiege im Hügel der Ahnen liegt und das dem Glauben von dem sonnenhaften göttlichen Leben in der Sippe wunderbaren Ausdruck gibt. Ein anderes ist das von dem wintergrünen Baum, der das Leben durch die Jahresnacht bewahrt und in Lichten an seinen Zweigen aufflammen läßt. Und ein drittes Bild, viel besungen in Sagen und Märchen, ist die Jungfrau mit dem goldenen Haar, die in einem dunklen Turm eingeschlossen ist, um nach der Gefangenschaft, strahlend von neuem Leben, wieder auf der Zinne zu erscheinen. Dieser Turm, in Ton gebildet, gehört zu den schönsten Sinnbildern unserer Weihnachtszeit. Ihn schmückt das Jahresrad, das heilige Jul, und das Herz, das Sinnbild germanischer Gottinnigkeit. Unten im Turme brennt ein kleines Lichtlein, das Sinnbild des Lichtes in der Finsternis, bis mit dem Beginn des neuen Jahres und

der Lichtwende das große Licht oben auf dem Turm entzündet wird.
So mag es einst in der Vorzeit auf den Türmen unserer Ahnen gebrannt haben, von denen nur noch eine einzige gelehrte Nachricht, aber viele Sagen und Märchen und vor allem diese Turmleuchter im Volksgebrauch künden. In diesem Sinnbild haben germanische Heldengesinnung und tiefe Gemüthaftigkeit ihren gemeinsamen Ausdruck gefunden. Sie leben heute noch in unserem deutschen Weihnachtserlebnis, an dem kein Fremdgeist jemals etwas hat verdrehen und verdunkeln können.

Vom wilden Heere

und den drei Wanderern

In den Stürmen der Winternacht erlebt der Germane das Wirken des allwaltenden Gottes. Darum ist Wode, der Führer des Totenheeres, auch der Herr der zwölf Nächte, in denen das Jahresrad stillsteht; der Nächte zwischen dem Sonnenwendtage und dem Tage der Perchten, an dem das Rad seine neue Drehung beginnt. In diesem Zwölften aber stockt

das Weltenrad und mit ihm die Weltordnung, und so bricht das menschenfeindliche Utgard, die Welt der Unholde und der bösen Geister, unheildrohend in Mittgart, die Welt des Heiles und der menschlichen Geborgenheit hinein. Denn der Germane kennt Höhen und Tiefen, er ist vertraut mit Leben und Tod, und er macht sich selbst vertraut mit dem Kampfe gegen jene andere Welt, dessen Walstatt die stürmende Natur, aber auch das eigene Herz ist. So mag er um so tiefer jenen großen Umbruch erleben, der alljährlich die Lebenstüchtigkeit der Natur auf die Probe stellt; und wenn er aus voller Seele an diesem Entscheidungskampfe teilnimmt, so will er daran die Kräfte des eigenen Herzens heldenmütig erhöhen. Er weiß, wenn der Walvater auf schnaubendem Schimmel über weglose Wälder braust, an den Firsten zerrt und in das Herdfeuer bläst, daß dadurch erst das Feuer neue Kraft gewinnt, und daß der heilige Funken in der eigenen Brust höher entfacht wird, wenn er in der Finsternis leuchtet.
So hat er einst mit todesmutigen Männern selbst ein wildes Heer gebildet, Wälder durchstreifend und bei lodernden Fackeln mit dröhnenden Trommeln und gellenden Hörnern sich ganz mit jenem ewigen Heere eins fühlend, das im Wintersturm mit den Wolken zieht, die schlafende Natur zu wecken und neues Feuer auf den Herden und in den Herzen kühner Männer zu entfachen. Und wo immer in unserer Geschichte eine todeskühne Kriegerschar sich zusammenschloß, unholde Feinde zu befehden, das Volk zu wecken und neues Feuer in den Herzen zu erwecken, da hat es sich dieser wilden, verwegenen Jagd verwandt gefühlt:

Es zieht sich herunter in düsteren Reih'n,
und gellende Hörner schallen darein
und erfüllend die Seele mit Grausen!

In den deutschen Alpen halten heute noch solche Scharen in den Zwölf Nächten ihre Umzüge. Wo sie aber über die toten Felder stampfen, da weiß der Bauer, daß diese im kommenden Jahre doppelte Frucht bringen werden. Denn der Wode, den sie auf schnaubendem Schimmel daherziehen hören, ist ihnen zugleich der gütige Geber des Wachstums und der Ernte.

Aber dem Sturme folgt die große Stille. Das Licht, das in der Jahresnacht geboren wurde, hat im Sturme seine Kraft bewährt, und sein stilles Wachsen überwindet von innen her die Macht der unholden Welt. Der Volksbrauch, der treue Spiegel unseres Jahrerlebens, läßt auch hier das ewig Gültige erkennen. Drei Könige ziehen durch das Land, mit Stern und Krone; sie klopfen an die Türen und heischen Gaben, und wo sie ein Feld betreten oder einen Hain durchwandeln, da lohnen es Erde und Baum mit doppelten Gaben. Sie gelten als die Weisen aus dem Ostlande, von denen die Bibel uns berichtet: aber Könige sind sie erst bei uns geworden, und wenn sie dort dem neuen Herrn Gaben der Ehrfurcht bringen, so bringen sie bei uns das neue Leben selbst. Sie führen den Stern mit sich, aber bei uns ist dieser selbe Stern das uralte Jahreszeichen. An vielen Orten ist er gar selbst ein Rad, das von den drei Königen in kreisende Bewegung gesetzt wird – zum Zeichen, daß nun das Jahresrad seine Drehung wieder begonnen hat, und mit ihm die irdischen Räder, die in den

Zwölften allesamt Stillstehen mußten, wollten sie nicht den Zorn des Schimmelreiters und der Frau Holle erregen.
Unsere eigene Schriften aber, die Kunde aus heiliger Urzeit bringen, erzählen uns von den drei Göttern, die an der brandenden See aus Bäumen menschliches Leben und Schicksal schufen:

> Zum Richtstuhl gingen die Rater alle,
> heilige Götter, und hielten Rat;
> bis drei Asen aus dieser Schar,
> stark und gnädig, zum Strande kamen:
> sie fanden am Land, ledig der Kraft,
> Esche und Ulme, ohne Schicksal.
> Nicht hatten sie Seele, nicht hatten sie Sinn,
> nicht Lebenswärme, noch lichte Farben:
> Seele gab Wodan, Sinn gab Hönir,
> Leben gab Lodur und lichte Farbe.

Noch ältere nordische Mythen, im fernen Indien aufgezeichnet, erzählen von den drei Götterbrüdern, die mit dem Jahre gehen, und die in den heiligen Nächten ihren „Jahrgang" beginnen. Am andern Ende der nordischen Welt, an den Felswänden Skandinaviens, sind diese drei noch in Stein geritzt zu sehen: sie halten das Jahresrad, so wie unsere drei Könige den Radstern des Jahres mit sich herumführen. Die drei heißen im Norden der Hohe, der Ebenhohe und der Dritte; in Indien aber der gehende, der leuchtende und der Dritte in den Wassern. Diese drei göttlichen Brüder hat auch unser Märchen treu bewahrt. Es sind die drei Brüder, die von ihrem Vater ausgesandt werden, um das Wasser des Lebens zu holen. Alle drei bestehen viele Abenteuer und Gefahren, aber nur der Dritte kommt zum Ziele und findet das Wasser des Lebens. Sie führen ja alle drei das kommende Jahr herauf, aber nur der Dritte führt es zum Ende; denn sie sind das kommende, das sich wendende und das sich neigende Jahr.

Viele tausend Jahre hindurch haben diese drei Wanderer ihren Jahrgang gehalten, Licht und Leben bringend, seitdem sie zum erste Male am Rande des nördlichen Meeres das höhere Leben der Menschheit erweckten. Sie werden weiterschreiten durch die Jahrtausende, wenn wir mit ihnen das Erbe der Ahnen treu bewahren.

Die Mütternacht

Überall, wo auf der weiten Erde Deutsche wohnen und Wurzel geschlagen haben, da brennt um die Wintersonnenwende der Weihnachtsbaum. Der wintergrüne Baum, der mitten in der Jahresnacht in Lichtern erblüht, ist Sinnbild des Deutschtums und Urbild seines Welterlebens geworden. Weit dehnt sich im Osten und Südosten des Reiches der Siedlungsring, den pflugführende Deutsche in den Wirr-

warr fremder Völker und Stämme eingesprengt haben; aber überall, im Böhmerwald, in der Zips, in den Streusiedlungen der Karpaten und fern in Übersee flammen zur Weihenacht die Lichter auf dem Baum, der zum Baum der Deutschen geworden ist.
Wo ein Volk seinen Lebensraum weitet, da nimmt es, um sich selber treu zu bleiben, seine Hausgötter mit; mochte das nun Erde vom heiligen Heimatboden sein, Hochsitzsäulen aus der Halle oder weihetümliche Bräuche, in denen das Welterlebnis des Volkes enthalten ist. Was uns heute der Baum des Lichtes ist, das hat mannigfache Vorläufer, und viele ähnliche Überlieferungen hat dies Sinnbild des Weltbaumes in sich aufgenommen. Es lebt darin der Firstbaum, den kühne Wikinger aus der nordischen Heimat nach Island und über den Ozean ins ferne Winland mitnahmen. Und das blaue Licht am Baume, das wir heute allen nahen und fernen Volksbrüdern der Erde am Baume entzünden, ist tief innerlich verwandt mit dem Lichte, das man einst zur „Minne" derer brannte, die fern auf gefahrvoller Seefahrt weilten oder draußen jenseits der Marken neuen Boden suchten, um die Lichter völkischen Lebens darauf zu entzünden.
Denn wie es heute ist, so war es vor alter Zeit. Wie eine frohe Botschaft aus unserer Urzeit berührt uns alles, was wir von alten Schriftstellern über Brauch und Glauben unserer Ahnen erfahren, weil wir über Jahrtausende hinweg das tief Verwandte spüren, das uns eine Bürgschaft für das Dauerhafte in unserer Seele und Wesenheit ist. Germanische Völker waren weit gewandert und hatten sich jenseits der Grenzen des Römischen Reiches mit Schwert und Pflug neue

Wohnsitze erkämpft; aber auch hier haben sie getreulich bewahrt, was einst in ihrer Heimat gewachsen war. Die Angeln waren aus ihrer holsteinischen Heimat ausgewandert, in Britanien seßhaft und endlich zu Christen geworden. Aber noch um das Jahr 700 schrieb der christliche Priester Beda von ihren Weihnachtsbräuchen:
„Die uns jetzt hochheilige Nacht selbst benannten sie damals mit dem heidnischen Worte ‚Modranicht', das heißt ‚Nacht der Mütter'; nach unserer Vermutung wegen der Weihebräuche, die sie die ganze Nacht hindurch feierten."
Berührt uns dieser Name „Nacht der Mütter" oder „ Mütternacht" aus der Jugendzeit unseres Volkes nicht wie eine ganz vertraute Erinnerung an unsere eigene Kindheit? Es ist die Nacht, die dem Geheimnis der Mutterschaft geweiht ist, in ahnungsreicher Beziehung zu jenem großen Erlebnis der Wiedergeburt der Sonne aus dem Weltenabgrunde, dem Mutterschoße alles Seins. Wenn die Mutter mit dem Kinde heute zum großen Teile den Gemütsinhalt des Festes bildet, so ist auch dieser Gemütsinhalt ein uraltes Erbe, denn das Menschenpaar mit dem Kinde unter dem Weltbaum ist eine Vorstellung, die mit jenen Weihebräuchen der Mütternacht sicher in ganz engem Zusammenhang steht. In dem Namen ist aber noch mehr enthalten. Wir wissen es aus vielen Denkmälern, und in unseren Volksbräuchen und Märchen klingt es heute noch nach, daß zu den vertrautesten Gestalten unseres heimischen Glaubens die drei Mütter gehören, die als Trägerinnen fraulicher Weisheit und mütterlicher Güte in dieser Zeit durch die Lande gehen, Gaben verteilend und den

Menschen guten Rat und gute Gedanken gebend – vor allem dort, wo ein Kind in der Wiege liegt.
So tief lebte dieser Gedanke schon vor zweitausend Jahren in unserem Volke, daß selbst Germanen als römische Beamte, die am deutschen Rheine regierten, diesen drei Müttern, die das Neugeborene behüten, Weihesteine setzen ließen. Die Römer wichen, und neue, artverwandte Germanen kamen; aber auch sie wußten von den drei Müttern noch tausend Jahre später. Und die Hausfrauen pflegten ihnen in den heiligen Nächten den Tisch zu decken, Speise und Trank darauf zu setzen und drei Messer hinzulegen, damit die drei Schwestern, wie man sie nannte, sich daran erlaben sollten. Wohl haben fromme Eiferer dagegen gewettert; aber die mütterlichen Schwestern leben zu fest im Herzen des Volkes, und so hat man ihnen, die unter den Namen Einbede, Warbede und Willibede bekannt sind, im Dom zu Worms gar ein Denkmal gesetzt.
Aber fester noch hat die germanische Sage und das deutsche Märchen sie mit all ihren Zügen bewahrt. Ihnen gehören die heiligen Nächte, in denen das neue Licht und das neue Jahr geboren werden; darum treten sie überall an die Wiege des Neugeborenen und schenken ihm ihre Gaben. In Bayern heißen sie die „Heilrätinnen", häufiger noch die „Perchten", das heißt die Leuchtenden, weil sie das Licht bei seiner Geburt begleiten. Sie werden von den Menschen zu Gast geladen und erweisen sich den Guten gegenüber freundlich und hilfsbereit. Wir kennen sie – freilich in vervierfachter Anzahl – aus dem Märchen vom Dornröschen, dem sie die guten Gaben des Lebens verleihen, die endlich doch über den bösen

Einfluß der dreizehn siegreich bleiben. In der altnordischen Erzählung vom „Nornengast" entzünden die guten Schwestern dem Kinde das Lebenslicht; hier wird der innere Zusammenhang mit unserm weihnachtlichen Lichtfeste besonders deutlich. Und da sie seit uralter Zeit in der heiligen Dreizahl auftreten, dem Kinde ihre Gaben bringen und aller Weisheit voll sind, so mögen sie wohl den Weisen aus dem Morgenlande, von denen weder Zahl noch Name bekannt ist, sehr viel von ihrem Wesen mitgeteilt haben und sogar die eigentlichen Urgestalten der zahlreichen Dreikönigsspiele sein.

Von den drei Müttern, die am Fuße des Weltbaumes sitzen und an den Fäden alles Werdens spinnen, erzählen uralte Mythen und ewig junge Sagen. Ihnen ist die Nacht geweiht, die wir wie die Vorfahren als Weihenächte feiern. Zu diesen Müttern hinabzusteigen, wie es ein großer Dichter ausdrückte, das bedeutet Einkehr zu halten bei den lebendigen Wurzeln unseres völkischen Seins, das im strahlenden Baume der Welt heute ein die ganze Erde umspannendes Sinnbild gefunden hat.

Die goldenen Äpfel

In unserer Märchenwelt lebt immer neu die tiefe Erkenntnis dessen, was unser Volk von sich selber dichtete; wie es sein Leben und dessen Sinn deutete. Wir hören von dem kühnen Königssohn, der nichts fürchtet; von dem armen Jüngling, der die hohe Berufung in sich trägt, der König vom goldenen Berge zu werden; von dem ausgedienten Soldaten, der mit Tod und Teufel paktiert, um zuletzt doch über beide Sieger zu bleiben, weil er unerschrocken und kühn seinen Weg geht. Immer ist es der auserwählte Held, der durch Not und Gefahren dorthin vordringt, wo das Wasser des Lebens fließt, das Unsterblichkeit verleiht, und wo der Hain steht, in dessen Mitte der Baum mit den goldenen Äpfeln wächst – den Äpfeln des Lebens, von denen zu essen ewiges Leben bedeutet. Aber noch mehr als das: den Sinn des Lebens zu wissen, was ja allein schon Ewigkeit und Unsterblichkeit bedeutet.

Und doch liegt der Hain mit den goldenen Äpfeln nicht irgendwo in einem unzugänglichen Jenseits, in das kein Lebender gelangt. Wohl drohen überall auf dem Wege Mühsal und Gefahren, Unholde und Abenteuer: aber was über all diese Hemmungen hinwegführt, das sind ein reiner Sinn und ein mutiges Herz. Das Land mit den goldenen Äpfeln liegt in unserem eigenen Innern – es ist jenes Land in dem tiefen Brunnen, in das die Gold-Marie hinabsteigt, um als goldene Jungfrau wieder daraus emporzusteigen. Denn sie hat den Baum mit den Früchten geschüttelt, sie hat das Brot gebacken und die Kühe gemolken; und da sie all das in der rechten Gesinnung, zum allgemeinen Besten und um der Sache selbst willen getan hat, so findet sie den rechten Weg, und sie kehrt reich und geehrt wieder aus dem inneren Lande zurück. Die Pech-Marie aber, die bei alledem nur an sich selbst dachte, die Früchte, Brot und Milch verkommen ließ, sie kehrt mit Schande aus dem Lande zurück, in dem der wahre Wert des Menschen gewogen und seine innere Natur sichtbar wird.

Dieser Baumgarten, in dem der Baum mit den goldenen Äpfeln steht, ist nichts anderes als jenes Feld des Wirkens und des Sichbewährens, das jeweils im Jahreskreise beschlossen ist, in dem Arbeit und Ernte, Wirken und Gewinnen ewig aufeinander folgen. In diesem Haine des Jahres steht in der Mitte der Baum mit den goldenen Äpfeln, auf dem der goldgefiederte Vogel sitzt, und dessen goldene Äpfel den Jahreskreis bilden, wie ihn die Sonne am Gesichtskreise des Jahres zeichnet. Der Baum steht dort, wo des Jahres heilige Mitte ist; auf dem Grunde des Brunnens, in den die Sonne hinabsteigt, um mit allen, die ihren ewigen Gesetzen folgen, verjüngt und in neuer Lebenskraft wieder daraus emporzusteigen. Sie finden dort das neue Licht und die goldenen Früchte, die nur der brechen kann, der den rechten Mut und die rechte Gesinnung mitbringt, – der schweigend die Unbilden zu ertragen vermag, die böse Mächte und böse Geister ihm antun. Es ist der Baum der Mittwinterzeit, der heiligen Nächte, in denen Sonne und Menschen zu ihrem Ursprung zurückgekehrt sind, um Einkehr bei sich selbst zu halten.

In der Urzeit erlebten unsere Ahnen diese Jahrestiefe ungleich gewaltiger, denn sie standen dem Leben und seinen Gefahren unmittelbarer gegenüber als wir, die wir wie in einer wohlgefüllten Speisekammer sitzen und mit dem Sinn für seine Fährnisse auch den Sinn für das Leben selbst verloren haben. In den Scheuern und Speisen lag die Frucht des Jahres gestapelt; einzige Gewähr für das Leben eines langen Winters und eines fernen Frühjahrs. So mochten die goldenen Früchte des Apfelbaumes wohl ein Sinnbild der goldenen Sonne selbst werden, an der sie gereift waren; und in den Nüssen schien das

Leben der Sonne selbst enthalten. Das ist der Kern des Märchens, in dem die Nüsse am Baume des Lebens ein Kleid enthalten, das strahlend ist wie die Sonne. So muß auch der Brauch, zum Weihnachtsfeste ein Gestell zu bauen, an dem acht goldgelbe Äpfel hängen, in uralte Zeiten zurückgehen; denn dies Gestell ist ein Abbild des Jahreslaufes selbst, und die Lichter entsprechen den goldenen Äpfeln. Es fehlt auch nicht der Vogel, der auf dem Weltbaum sitzt. Dies ist denn auch der Sinn der vergoldeten Nüsse, die heute noch an unserem Weihnachtsbaum hängen; der Nüsse, die im Märchen vom Aschenputtel und von Allerleirauh aus dem armen Mädchen eine Königsbraut im goldenen Gewande machen. Der Held, der in unserem Märchen die goldene Äpfel aus dem fernen Baumgarten gewinnt, ist kein anderer als jener uralte arische Sonnenheld, der als Herakles in der griechischen Sage die Äpfel aus dem heiligen Haine holt, der von den Hesperiden, den Töchtern der Nacht bewacht wird. Dem Volke ist er das Urbild des wackeren deutschen Mannes, der unbekümmert um Gefahr und Not, um Dank oder Undank seinen Weg geht, weil er darin den Sinn seines eigenen Lebens erkennt, dem ganzen Volke die Früchte seines inneren Lebens wiederzugewinnen.
Bei vielen Völkern ist das Bild dieses heiligen Baumes mit den goldenen Früchten verbreitet; aber seinen wahren Sinn haben nur die Menschen seiner nordischen Urheimat und ihre Verwandten in anderen Ländern bewahrt. Treu hat unser Volk an seinem uralten Wissen in Mythen und Bräuchen gegen fremdartige Verfälschung festgehalten. Für uns ist der Baum mit den goldenen Äpfeln wie vor Tausen-

den von Jahren das Bild der wahren Erkenntnis: der Erkenntnis des reinen Lebens und seiner ewigen Gesetze.
Ein fremder Zauber hat es eine Zeitlang verstanden, diesen heiligen Jahreskreis mit dunklen Spukgestalten zu erfüllen und einen Zauberkreis unholder Mächte daraus zu machen. Wer aber ernsthaft nach den Schätzen gräbt, die in dem heiligen Heimatboden ruhen, dem wird es ergehen, wie dem Schatzgräber, von dem unser größter Dichter sang. Aus der schwarzen, stürmischen Nacht tritt ihm der Knabe mit der leuchtenden Schale entgegen, und wie eine Mahnung aus der lebensfrommen Vorzeit vernimmt er seinen Spruch:

> Trinke Mut des reinen Lebens,
> dann verstehst du die Belehrung,
> kehrst mit ängstlicher Beschwörung
> nicht zurück an diesen Ort:
> Tages Arbeit, abends Gäste,
> saure Wochen, frohe Feste
> sei dein künftig Zauberwort.